El

El matrimonio bendecido por Dios

«Hace algunos años, mientras manejaba por una autopista en California, una pegatina que llevaba el auto que iba adelante decía: «La causa del divorcio es el matrimonio». ¡Qué gran mentira! En realidad, el matrimonio hace a un hogar feliz cuando Jesucristo es el Señor del mismo.

Este es en sí el tema que Ritchie Pugliese trata con las enseñanzas bíblicas y prácticas que tanto lo caracterizan. Usted tendrá la oportunidad de evaluar su propia vida matrimonial y, a la vez, recibirá la motivación de valorar a su cónyuge conforme a la voluntad de Dios. Recomiendo de todo corazón la lectura de este libro que, sé bien, el Señor utilizará para bendecir su matrimonio y su hogar».

Rvdo. Danny Vallejo
Pastor profeta
Buenos Aires, Argentina

«Es para mí una alegría muy grande, y a la vez un privilegio, escribir uno de los prólogos de esta segunda edición actualizada y ampliada del valioso libro de Ricardo «Ritchie» Pugliese *El matrimonio bendecido por Dios*.

Como pastor y junto a Silvia, mi esposa, hemos tenido la oportunidad de usar con mucho provecho espiritual la primera edición de esta obra, tanto para estudio en los grupos de formación de discípulos como en el trabajo con matrimonios y parejas próximas al casamiento. Sin duda, el Señor ha bendecido a Ritchie con muchos dones, entre los que sobresale su capacidad para transmitir a través de libros y artículos un mensaje claro, bíblico y transformador desde el punto de vista espiritual.

»Con Ritchie compartimos el ministerio evangelístico y de formación de vidas durante casi diez años desde 1977, y siempre me ha impactado su compromiso y su valentía con el reino de Dios. Conociéndolo profundamente a él y a su esposa, Rosa, estoy seguro de que las páginas de este libro escapan de la teoría y representan una íntima vivencia personal y como matrimonio. Es por todo esto que recomiendo de corazón la lectura de este libro y oro para que los lectores también disfruten de un matrimonio bendecido por Dios».

Pastor Daniel R. Zuccherino
Comunidad Cristiana
Buenos Aires, Argentina

El Matrimonio bendecido por Dios

Experimenta la verdadera felicidad
matrimonial que nace en el corazón de Dios

RITCHIE PUGLIESE

Unilit

Sepa

Publicado por
Editorial Unilit
Miami, FL 33172

Primera edición 2011

© 2011 por Ricardo «Ritchie» Pugliese
Todos los derechos reservados.

Edición: Nancy Pineda
Diseño de la portada e interior: Ximena Urra
Fotografías e ilustraciones: © 2011 Gemenacom, Noraluca013, Vector-RGB, Skvoor. Usadas con permiso de Shutterstock.com.

A menos que se indique lo contrario, el texto bíblico ha sido tomado de la versión Reina Valera ©1960 Sociedades Bíblicas en América Latina; © renovado 1988 Sociedades Bíblicas Unidas. Utilizado con permiso.
Reina-Valera 1960® es una marca registrada de la American Bible Society, y puede ser usada solamente bajo licencia.
Las citas bíblicas señaladas con NVI se tomaron de la Santa Biblia, *Nueva Versión Internacional*. © 1999 por la Sociedad Bíblica Internacional.
Usadas con permiso.

Producto 495767
ISBN 0-7899-1959-1
ISBN 978-0-7899-1959-5

Impreso en Colombia
Printed in Colombia

Categoría: Vida cristiana / Relaciones / Amor y matrimonio
Category: Christian Living / Relationships / Love & Marriage

Contenido

Contenido

Agradecimientos

A Dios, mi todo:
En primer lugar, quiero agradecerle al Señor Jesucristo que, con la vital ayuda del Espíritu Santo, mi esposa y yo hemos aprendido a mantener un matrimonio estable, bendecido y sólido a través de los años. ¡Gracias, Dios mío!

A Rosa, mi esposa:
Quiero agradecerle en especial a Rosa, la compañera que Dios me ha dado para toda la vida. Debería ser la coautora de este libro, porque además de hacer con diligencia y paciencia las revisiones, las correcciones y las ampliaciones para su edición, juntos hemos vivido y practicado los principios que se revelan en estas páginas. Juntos hemos atravesado diferentes tiempos de luchas y victorias, de alegrías y desafíos. Los años siguen pasando, y cada día le doy gracias al Señor por mantenernos unidos, firmes y perseverantes, decididos a continuar unidos hasta el final de nuestros días. Siempre ha sido una verdadera ayuda idónea, un ejemplo de vida con su amor, entrega y sacrificio. Por todo esto y mucho más quiero dedicarle este libro. ¡Rosa, por conocerte desde hace tanto tiempo, puedo decir con total certeza que en verdad eres una sierva de Dios, virtuosa como pocas, y distinguida entre todas! ¡Te amo!

Prefacio

Cuando la prestigiosa Editorial Unilit publicó este libro en un formato de bolsillo en 1990, pude ver concretado no solo un sueño, sino también la posibilidad de que el libro pudiera ser de bendición para muchos matrimonios.

Ahora, después de muchos años y con un contenido ampliado, estoy seguro de que esta nueva edición seguirá siendo un recurso útil que hará que muchos más cónyuges puedan experimentar la bendición de Dios en su vida matrimonial.

Los tiempos en que vivimos son peligrosos en todo sentido. Son tiempos donde se menosprecian y ridiculizan los valores absolutos y donde aun se pretende «redefinir» o dar un nuevo significado al matrimonio, al disputar de plano lo estipulado por Dios en el principio de la creación.

Los parámetros de Dios establecidos en su Palabra infalible siguen siendo los únicos que pueden ayudar al matrimonio a alcanzar la plenitud, el propósito y un destino de bendición.

La vida matrimonial está bajo amenaza como nunca antes. Sin embargo, a pesar de todo eso, cada día que pasa creo firmemente que los parámetros de Dios establecidos en su Palabra infalible siguen siendo los únicos que pueden ayudar al matrimonio a alcanzar la plenitud, el propósito y un destino de bendición. Por otro lado, después de estar sirviendo a Dios con mi esposa en el ministerio por más de treinta años y haber ayudado a tantos matrimonios en necesidad, he llegado a la conclusión de que sin aplicar los principios de la Palabra de Dios no existe posibilidad alguna de tener un matrimonio firme, estable y feliz para toda la vida.

Dada mi experiencia de estar casado desde 1987 con la misma mujer, de depender de la ayuda del Espíritu Santo y de aplicar los principios bíblicos en mi propia vida matrimonial, quiero decirle que es posible tener un matrimonio bendecido para toda la vida. El plan de Dios es que tú también puedas ser contado entre los que han descubierto la manera de tener un matrimonio bendecido por Dios. A fin de lograrlo, es necesaria nuestra decisión, determinación y perseverancia... ¡Dios hará el resto!

Creo que para ti ha llegado el tiempo de comenzar a experimentar la bendición de Dios en tu vida matrimonial. Es mi oración que la lectura de este libro colabore para tal propósito. ¡No te rindas, y decide hoy mismo comenzar a tener un matrimonio bendecido que glorifique a Dios y sea un testimonio vivo para el mundo!

Ricardo «Ritchie» Pugliese

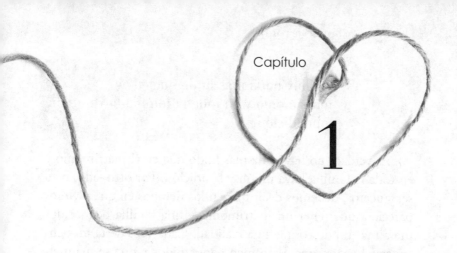

La vida matrimonial corre serio peligro

En la década de los años setenta, hubo en la República Argentina un popular programa de televisión basado en la vida familiar llamado «Los Campanelli». La serie giraba en torno a una familia de inmigrantes italianos cuyo padre, caudillo y gritón, se deleitaba en la compañía de su amada esposa y en la reunión de sus hijos solteros y casados, alrededor de una mesa los domingos al mediodía para celebrar y disfrutar un delicioso almuerzo donde las pastas eran la principal atracción.

Este programa terminaba siempre de la misma manera, cuando toda la familia reunida comenzaba el almuerzo y el padre se ponía de pie al borde de la mesa, alzaba una copa de vino y decía a viva voz una bella frase: «¡No hay nada más lindo que la familia unida!».

No hay nada más lindo que en el matrimonio y en toda la familia haya unión y bendición.

Es verdad, no hay nada más lindo que en el matrimonio y en toda la familia haya unión y bendición. Por otro lado, para ser sinceros, debemos decir que en los tiempos en que vivimos pareciera que tener un matrimonio y una familia bendecidos fuera más un deseo que una realidad. Cada vez cuesta más encontrar hogares que estén bien constituidos y que se mantengan unidos con el paso del tiempo. ¿Acaso el matrimonio y la familia están pasando de moda? ¿Acaso la felicidad matrimonial y familiar se está transformando en algo excepcional? ¿Se está perdiendo poco a poco el interés de formar un matrimonio? ¿Se está esfumando con lentitud la idea de tener un hogar feliz?

Hoy pareciera que la persona que anhela casarse y formar una familia fuera una especie de «extraterrestre», y la persona popular y «normal» fuera la que menosprecia la idea de formar una familia y, que en su lugar, busca una «relación» sin compromiso. Cada día que pasa es alarmante ver que nuestra sociedad está siendo presa de un espíritu «antifamiliar», que se deleita en practicar una vida «libre» y corrompida por la promiscuidad sexual, en vez de deleitarse en la fidelidad matrimonial caracterizada por el respeto y la decencia.

Cuando hablamos con los jóvenes acerca de sus expectativas y metas en la vida, cada vez son menos los interesados en casarse, formar una familia y tener hijos. En cambio, desean vivir juntos, pero sin responsabilidad ni obligación alguna. Quieren estar en «pareja», pero sin el compromiso serio de formar una familia bien establecida.

Para muchos, la familia ha llegado a ser un símbolo de esclavitud y atadura continua.

Para muchos, la familia ha llegado a ser un símbolo de esclavitud y atadura continua. Sumado a esto, cuando hablamos con los que ya «están del otro lado», que hace años están casados, nos dicen que para evitar el aburrimiento en el matrimonio «necesitan» buscar algo afuera. Llámese a esto una relación sexualmente ilícita con otra persona. Aseguran que de esa manera cambian «los aires» de su vida matrimonial. Si bien siguen viviendo bajo el mismo techo, cada uno vive su propia vida, pero allí no reina la felicidad.

Necesitamos reconocer que hoy en día, quizá como nunca antes, es difícil de verdad encontrar un matrimonio y una familia bien constituida y feliz como Dios manda.

Nuestra generación es una generación decadente que carece de valores. Se deleita en lo relativo, lo disoluto y lo pasajero. Cada día se aleja más de los valores fundamentales que tiempo atrás constituían la felicidad y la estabilidad familiar. De una manera directa e indirecta, cada vez más se ataca, se menosprecia y se ridiculiza a la familia con la intención de defenestrarla y destruirla.

Es evidente que detrás de todo esto hay un cerebro macabro que ha trazado un plan maléfico para destruir, si fuera posible, los matrimonios sobre la faz de la tierra. ¡Todo esto ha sido maquinado por el mismo diablo! Él es el autor de la destrucción, desintegración e infelicidad matrimonial y familiar. Su deleite es doble: por un lado, hacer que la gente menosprecie y crea que la familia ha «pasado de moda»; y, por el otro, desintegrar las familias ya constituidas. El diablo sabe muy bien que si destruye la vida matrimonial, se desintegra la familia, pues sin el matrimonio no puede haber una familia bien constituida, según los parámetros estipulados por Dios.

 Sin el matrimonio no puede haber una familia bien constituida, según los parámetros estipulados por Dios.

Este es un asunto muy serio que atenta contra la estabilidad misma de una nación. Se han hecho estudios sobre las grandes civilizaciones de la historia y se ha llegado a ciertas conclusiones importantes. Por ejemplo, el gran Imperio Romano sucumbió, entre otros motivos, debido al menosprecio y a un alto índice de desintegración de la vida familiar que reinaba en esa sociedad.

Cuando en una nación comienza a resquebrajarse la vida familiar, la misma nación corre peligro. En la actualidad, todos consideran nuestra época como la mayor de todas debido a su tecnicismo, sus descubrimientos y sus avances. Quizá estemos viviendo la época más importante de la historia de la humanidad en muchos aspectos. Sin embargo, permítame decirle una cosa: Si las grandes civilizaciones del pasado sucumbieron por la desintegración familiar, ¿qué pasará con la nuestra? Ten la seguridad de que la nuestra no será la excepción, sino que terminará en la misma decadencia y destrucción. ¿Hay alguna solución para nuestra generación presente, o vamos rumbo a una indefectible y total destrucción de la familia?

Para hacer un diagnóstico exacto de lo que sucede en nuestra sociedad decadente, solo hace falta mirar a nuestro alrededor.

Dicen los doctores en medicina que para dar una buena receta contra una dolencia o enfermedad, primero es necesario realizar un diagnóstico exacto e ir a la raíz del problema. Para hacer un diagnóstico exacto de lo que sucede en nuestra sociedad decadente, solo hace falta mirar a nuestro alrededor.

Diagnóstico real para nuestra sociedad

A continuación quiero que leas con atención cuál es el diagnóstico real de nuestra sociedad y por qué se atenta contra la unidad, la felicidad y la bendición matrimonial que Dios diseñó para cada familia sobre la faz de la Tierra.

1. La promiscuidad sexual

En la actualidad, vemos que la promiscuidad sexual avanza de manera desenfrenada y se presenta como una opción legítima para alcanzar la verdadera felicidad. Además, la encontramos en diversas formas que son, entre otras, el adulterio, la fornicación, el homosexualismo, el lesbianismo, el incesto, la prostitución y cualquier otra clase de perversión sexual.

Los medios de comunicación son los principales recursos utilizados para bombardear la mente y la imaginación de las personas, haciéndoles creer semejantes mentiras. Cada vez hay más personas «busca placeres» que salen de su hogar a la caza de la satisfacción.

Cada vez hay más personas «busca placeres» que salen de su hogar a la caza de la satisfacción.

Hoy, más que nunca, encontramos hombres y mujeres infelices sexualmente en el matrimonio. Así que culpan a sus cónyuges de ser fríos, aburridos y «tradicionales». Es más, sienten que algo los impulsa a buscar algo distinto fuera del matrimonio. De ahí que la industria pornográfica facture cada año millones de dólares en ganancias y que su crecimiento siga en aumento. Las perversiones y desviaciones sexuales están a la orden del día y destruyen vidas, matrimonios y familias enteras.

2. El incremento de los divorcios y las separaciones

La frase «sin compromiso» se ha agregado al vocabulario popular e intenta sustituir el significado de la frase «pacto y compromiso». Cada vez son más los que viven juntos solo por un tiempo y a modo de prueba. Entonces, si no da resultado, cada uno sigue tras su propio camino.

La excusa de la «incompatibilidad de caracteres» es la que más se aduce cuando termina una relación. La persistencia en el amor y la firme decisión de estar juntos «hasta que la muerte los separe» se considera algo anticuado y ridículo. Como solía decir una tira cómica: «Los matrimonios ahora son *hasta que el divorcio* los separe».

La excusa de la «incompatibilidad de caracteres» es la que más se aduce cuando termina una relación.

3. **El ritmo de vida intenso y acelerado de las grandes ciudades**

Pareciera que el tiempo cada vez rinde menos, que se nos va de las manos con rapidez y que necesitamos más de veinticuatro horas para cumplir con todas nuestras obligaciones diarias. Esto fomenta en gran medida la independencia, el individualismo y el egoísmo. Vivir deprisa y de manera acelerada es una constante de la sociedad actual. Cada vez son más los que están inmersos en la vorágine de las grandes ciudades que les resta tiempo para dedicarse a su propia familia.

4. **Los problemas económicos**

Hoy en día, a los problemas económicos se le suma la inflación, la desocupación, la pobreza y el desesperado deseo de tener un mejor estilo de vida. A pesar de que nadie quiere ser pobre, las estadísticas nos dicen que el índice de pobreza va en aumento en este mundo. Esta situación lleva a muchos a trabajar más horas, tener más de un trabajo, estudiar más para obtener títulos más competitivos y correr en la loca travesía de conseguir un mejor empleo para lograr un mejor estándar de vida.

El concepto que dice «tú vales por lo que tienes» ha infectado la mente de nuestra sociedad.

El concepto que dice «tú vales por lo que tienes» ha infectado la mente de nuestra sociedad y ha desvirtuado el verdadero significado de los valores que debe tener una persona.

5. **El alejamiento y el menosprecio de los valores absolutos revelados en la Biblia**

Los sociólogos consideran que los principios judeocristianos revelados en la Palabra de Dios están perdiendo cada vez más adeptos. Esto ha llevado a esta sociedad a la búsqueda del secularismo y a una vida de valores relativos, donde no hay nada que sea absoluto, sino que todo es relativo. La gente cansada de la religión muerta y sin poder ha ido en busca de creencias donde se promueve la exaltación del ego, la gratificación personal y el encontrarse «a sí mismo».

A todo esto se le suman los escándalos públicos originados por algunos de los famosos predicadores llamados «tele-evangelistas», el comercio que muchas veces existe dentro de algunos sectores de la «iglesia» y las organizaciones cristianas, la falta de vida y el testimonio de integridad de algunos de sus miembros. Como resultado, lo que se hace a menudo «en nombre de Dios» ha llevado a la gente a desechar lo genuino del evangelio de Jesucristo. Por culpa de estos malos ejemplos, muchas personas se van en busca de otras vertientes espirituales, sin importarles si provienen de Dios o no.

Lo que se hace a menudo «en nombre de Dios» ha llevado a la gente a desechar lo genuino del evangelio de Jesucristo.

6. **El avance del ocultismo, el satanismo, las prácticas fetichistas y las sectas**

Todas estas conducen, en mayor o menor grado, al libertinaje y la inmundicia. Asimismo, promueven lo oculto y lo vergonzoso. Con sus artimañas seducen a las personas con engaños y promesas falsas, y las alejan del Dios verdadero, el Creador de los cielos y la tierra.

Se dice que hasta en los Estados Unidos, un país fundado en la Palabra de Dios, se está incrementando a pasos agigantados el crecimiento de las sectas y las diversas religiones, tales como el budismo, el hinduismo y el islamismo, así como el ateísmo. Las estadísticas nos dicen que muchos de sus integrantes son personas que apostataron del cristianismo. Este país está experimentando el cambio religioso más drástico de los últimos tiempos. Es lamentable ver que una un lugar donde exista la mayor diversidad de religiones, cultos y creencias.

Este país está experimentando el cambio religioso más drástico de los últimos tiempos.

Hoy pareciera estar de moda la práctica de todas estas cosas. Las presentan como una opción diferente para personas de todos los estratos sociales y como algo «bueno y beneficioso» para el ser humano. En los últimos años, se ha visto en los Estados Unidos una apostasía del cristianismo y la adopción de todo tipo de sectas que disfrazan lo pagano y satánico como una alternativa para una «vida mejor».

El mejor Especialista

Cuando analizamos todos estos problemas, nos damos cuenta de las innumerables cosas que afectan la vida matrimonial y familiar. ¡Con razón cada día se desintegran muchos matrimonios y aumenta el índice de divorcios! Por eso debes saber que nuestras propias familias corren el mismo peligro de desintegrarse. ¿Eres consciente de esto? Estamos frente a un peligro real. ¿Habrá alguna solución?

Para ser sinceros, a nuestro alrededor no vemos ninguna solución, sino más bien confusión y tribulación. Las grandes instituciones y los movimientos defensores de la familia parecen fracasar en su intento de ayudar a buscar alguna solución natural. ¡Gracias a Dios aquí no termina la historia! No sé cuál haya sido tu historia familiar. Ya sea que esté resquebrajada o hecha trizas, te aseguro que hay un Especialista que tiene el diagnóstico exacto y la solución a tu problema. Él puede intervenir en tu vida matrimonial para mejorarla, restaurarla y, si fuera necesario, hacerla de nuevo. Para Él no hay nada imposible, pues a través de los años ha restaurado miles y miles de hogares. Les ha dado felicidad, armonía y unidad.

Este Especialista sabe, como nadie, transformar la maldición en bendición, la muerte en vida, la ruptura en unidad, el odio en amor.

Este Especialista sabe, como nadie, transformar la maldición en bendición, la muerte en vida, la ruptura en unidad, el odio en amor. Él es el Creador de la familia y, como nadie, sabe cuáles son las claves para el éxito y la bendición familiar. ¡Él es Jesucristo, el Hijo de Dios, Dios mismo, el Único que tiene todo el poder para vencer a los enemigos de la felicidad familiar y que está en favor de los que le buscan de corazón para ser bendecidos en su matrimonio y su familia!

Caminar tomado de la mano de Dios es toda una aventura que vale la pena vivir. No conozco a nadie que le haya dado de verdad el control de su ser que hoy no sea una persona con propósito y tenga una vida matrimonial bendecida. ¡Solo con Jesucristo es posible tener un hogar bendecido! Con esto, no te estoy hablando de religión, pues hay muchas en el mundo actual. Te estoy hablando de la maravillosa posibilidad de iniciar una relación íntima y personal con el Dios único y verdadero.

La religión es el esfuerzo del hombre para llegar a Dios y no conduce a nada. Sin embargo, *Dios, por medio de Jesucristo*, nos ha dado la única y verdadera manera de tener una relación de amistad constante y amor eterno. Cuando alguien recibe esta bendición, su vida y todo lo que está a su alrededor cambia para bien. Entonces, llega la paz a su corazón, tiene una perspectiva nueva para enfrentar la vida, las relaciones rotas se restablecen y, de este modo, se puede alcanzar la felicidad matrimonial y familiar.

Acepta a Jesús e invítalo a morar en tu corazón, y tu matrimonio comenzará a cambiar y mejorar.

Si todavía no has experimentado una relación íntima y personal con Jesucristo ni lo has reconocido como el Salvador de tu vida, hoy tienes la gran oportunidad de recibir este regalo que viene del cielo. Acepta a Jesús e invítalo a morar en tu corazón, y tu matrimonio comenzará a cambiar y mejorar. Deja atrás todos tus fracasos, deposítalos en las manos del Señor, y Él cambiará tu «lamento en baile», tu tristeza en alegría. Si no sabes cómo acercarte a Jesús, permíteme ayudarte. Hablar con Él es muy fácil. Es como hablar con un amigo, sin rodeos ni con palabras complicadas. Repite las siguientes palabras y dilas con fe desde lo profundo de tu corazón:

Señor Jesús:
Te entrego mi vida para que tú la transformes y sea digna de vivir. Ayúdame a seguirte cada día. Te entrego todo lo que tengo y lo que soy. Limpia mis pecados y mi maldad con tu sangre preciosa.
Te recibo en este día como mi Salvador personal.
Gracias, Señor.
Amén.

¡Felicitaciones! ¡Bienvenido a la gran familia de la fe! La Palabra de Dios dice que «a todos los que le recibieron, a los que creen en su nombre, les dio potestad de ser hechos hijos de Dios» (Juan 1:12). ¡Ahora eres un hijo de Dios! ¡Ahora sí vas por el buen camino que te llevará a tener un matrimonio bendecido por Dios! Además, podrás ver que el Señor, en un proceso pero con paso firme, irá transformando tu desdicha en felicidad y te gozarás al ver la obra directa de Dios en tu vida y en tu matrimonio.

Te invito a que hagas también otra oración para pedirle al Señor que transforme y perfeccione tu vida matrimonial. Ora de esta manera al Señor:

> Dios mío:
> Me doy cuenta de que mi matrimonio está cada vez peor, en decadencia, lejos de ser lo que tú quieres que sea. Necesito tu intervención. Reconozco que he descuidado y perdido de vista que tú me has dado la exclusividad y el privilegio de vivir con mi cónyuge.
> Señor, edifica mi hogar conforme a tu voluntad y para la gloria de Dios Padre.
> Te lo pido en el nombre de Jesucristo, amén.

Recuerda que cuando alguien se humilla ante Dios, y le dice: «Señor, salva mi matrimonio... *y empieza por mí primero*», se desata la bendición de Dios, pues la Palabra dice que «al corazón contrito y humillado no despreciarás tú, oh Dios» (Salmo 51:17). Así que, prepárate, pues esto mismo sucederá en tu vida: Dios escuchará tu oración y tu vida matrimonial se transformará.

 Cuando alguien se humilla ante Dios, y le dice: «Señor, salva mi matrimonio... y empieza por mí primero», se desata la bendición de Dios.

Para el debate grupal

1. ¿Por qué la vida matrimonial está perdiendo adeptos?
2. Consideren y debatan los valores absolutos y relativos. Luego, respondan: ¿Qué valores relativos afectan a nuestra sociedad hoy?
3. Mencionen algunas características acerca de lo que significa una relación de pacto y compromiso en la vida matrimonial.
4. De los puntos detallados en el «diagnóstico real de nuestra sociedad», ¿cuál consideran que ha sido el que más sigue afectando la vida matrimonial en general? ¿Por qué?
5. Mencionen cuáles son los efectos nocivos que el ritmo acelerado de la vida actual provoca en la vida matrimonial y familiar.

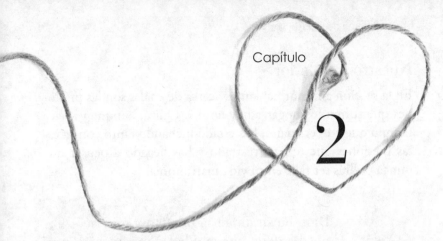

La participación del Espíritu Santo en la vida matrimonial

Quizá ya seas un cristiano que recibió a Cristo en su corazón desde hace varios años. Sin embargo, buscaste este libro con el propósito de encontrar respuestas para tu matrimonio infeliz y desdichado. Tal vez lo que suceda es que tú y tu cónyuge asistan a la iglesia, tengan a Cristo en su corazón, pero no vivan en la armonía, la plenitud y la bendición que promete Dios. Tu matrimonio carece de un ingrediente que le aporte «brillo» y «color». ¿Sabes qué es? ¿Sabes cuál es ese ingrediente especial que puede aportarle «brillo» y «color» a tu vida matrimonial?

Antes de extenderme en el tema, permíteme serte sincero y decirte que, con todos los enemigos que batallan a diario contra cada matrimonio, humanamente hablando, es imposible llegar a ser felices.

Nuestro Ayudador

En la sección anterior hablamos acerca de cuáles son las presiones que sufren los hogares hoy en día. Quizá, aunque ya hace tiempo que eres cristiano, has estado luchando tanto contra estas presiones que te has frustrado y has llegado a pensar que nunca podrás ser feliz en tu vida matrimonial.

 Dios, en su inmensa bondad y misericordia, nos ha dado una ayuda sobrenatural, tanto para nuestra vida cristiana personal, como para nuestra vida matrimonial.

¿Sabes una cosa? Dios, en su inmensa bondad y misericordia, nos ha dado una ayuda sobrenatural, tanto para nuestra vida cristiana personal, como para nuestra vida matrimonial. La Biblia lo presenta como el Ayudador, nuestro *parakletos*. Esta palabra griega se traduce como «consolador» (Juan 14:16, 26; 15:26 y 16:7), y está compuesta de dos palabras: *para*, que significa «al lado»; y *kaleo*, que significa «llamar». Esto nos enseña una verdad maravillosa: Él está con nosotros y en nosotros para que sigamos el buen camino. ¿Cuál? El que dice Juan 14:6:

Yo [Jesús] soy el camino, y la verdad, y la vida.

Cuando su Presencia reina en una vida y en un matrimonio, se manifiesta el carácter de Cristo y se derrama la abundancia de su gloria. Él es quien nos ayuda en nuestra debilidad (Romanos 8:26), y se presenta como Aquel que intercede con sabiduría y autoridad por nosotros para ayudarnos a ver concretado lo que tanto anhelamos. ¿Sabes de quién estoy hablando? De una persona, Dios mismo, ¡el Espíritu Santo! ¡Dios obrando en nosotros y entre nosotros!

Una vez que tenemos a Cristo en el corazón, debemos pedirle al Espíritu Santo que venga a reinar a nuestra vida. Entonces, el efecto de su presencia se verá en todo lo que hagamos y emprendamos. Cuando la presencia del Espíritu Santo es activa en la vida de cada cónyuge, el ámbito matrimonial se llena de la *gloria* de Dios. Sin duda, para que el matrimonio resulte bendecido por Dios hace falta la irrupción del Espíritu Santo. Es la única manera de disfrutar una verdadera plenitud matrimonial.

La participación del Espíritu Santo

Dios no solo quiere que la familia manifieste la imagen exterior de ser una «buena familia», sino que su gloria se refleje en la vida de cada uno de sus integrantes. De ese modo serán capaces de vivir en la armonía y la plenitud que Dios diseñó para la familia. ¡Por eso es que necesitamos la participación poderosa del Espíritu Santo en nuestra familia!

Solo gracias a la obra del Espíritu Santo podemos tener un matrimonio bendecido por Dios.

Cuando el Espíritu Santo irrumpe en una vida y en una familia, mejora la comunicación entre los cónyuges, se restaura la vida matrimonial y se enriquece la vida familiar. Solo gracias a la obra del Espíritu Santo podemos tener un matrimonio bendecido por Dios y exaltar a Jesucristo.

¡Qué bueno sería que en este momento tú, esposo, hicieras un alto y oraras al Señor para pedir que la presencia del Espíritu Santo renueve tu vida espiritual y te ayude a ser un mejor esposo! ¡Qué bueno sería que en este mismo instante tú, mujer, buscaras al Señor en oración para pedirle que te ayude a ser en verdad la esposa virtuosa y la ayuda idónea que siempre ha soñado! ¡Qué maravilloso sería que juntos pasaran un tiempo en la presencia de Dios para pedirle que derrame su Poder sobre su vida matrimonial! Cuando le damos al Señor el lugar que Él se merece, vemos cosas sorprendentes en nuestra vida matrimonial.

No estamos muy acostumbrados a escuchar predicaciones ni enseñanzas sobre la participación del Espíritu Santo en el hogar. Por lo general, y no está mal hacerlo, asociamos la presencia del Espíritu Santo con la ayuda para hablarles a otros de Cristo, fluir con los dones y servir a Dios en la iglesia. En cambio, perdemos de vista que Dios quiere intervenir con su poder en nuestra vida matrimonial.

Existe una gran diferencia entre un matrimonio lleno del Espíritu Santo y otro sin la participación activa del Espíritu. Es como el día y la noche. No tiene comparación. ¡Es la muerte o la vida! Tal vez te parezca que es una afirmación exagerada, pero te aseguro que no es así.

El lugar del Espíritu Santo

Mi esposa y yo hemos estado trabajando durante muchos años en la consejería matrimonial. Así que lo triste es que hemos visto que muchos han perdido años preciosos de matrimonio por no decidirse a vivir una vida llena del Espíritu Santo. Sin embargo, también hemos visto con gozo que muchos han sido valientes y se han puesto bajo la poderosa mano de Dios. Como resultado, hoy tienen un matrimonio lleno del amor de Dios que «*ha sido derramado en [sus] corazones por el Espíritu Santo que [les] fue dado*» (Romanos 5:5).

Solo cuando le damos lugar al Espíritu Santo podemos vivir conforme al designio de Dios y no según la carne.

Solo cuando le damos lugar al Espíritu Santo podemos vivir conforme al designio de Dios y no según la carne, con todos los estragos que eso implica para la vida matrimonial. Así lo afirma el apóstol Pablo en su carta a los romanos:

> Mas vosotros no vivís según la carne, sino según el Espíritu, si es que el Espíritu de Dios mora en vosotros. Y si alguno no tiene el Espíritu de Cristo, no es de él.
>
> Romanos 8:9

Esto no tiene un ápice de misticismo ni de fanatismo religioso, sino que es «la manifestación de los hijos de Dios» (Romanos 8:19), los cuales gimen junto a la creación para ser libres de la esclavitud de corrupción, «a la libertad gloriosa de los hijos de Dios» (Romanos 8:21). Esta libertad es la vida en el Espíritu que nos permite tener un matrimonio bendecido.

Si el Señor te preguntara: «¿Cómo vives en tu casa? ¿Qué espíritu reina en tu hogar? ¿El de mi presencia activa que trae vida al espíritu y produce paz, armonía y felicidad, o el de las obras de la carne que producen discusiones, desunión e infelicidad?».

Vacíos de nosotros, pero llenos del Espíritu

En 2 Reyes 4:2-7 se relata un episodio acerca de una familia que estaba en extrema necesidad. Por lo general, esta historia se conoce como: «El profeta Eliseo y el aceite de la viuda». Aunque no lo parezca, este pasaje contiene una enseñanza bien profunda acerca de lo que Dios quiere que haya en nuestra vida matrimonial.

Esta mujer, viuda, desamparada y con pocos recursos económicos, fue en busca del profeta para pedirle ayuda. Después de escucharla con atención, es sorprendente lo que le dice el profeta: «Declárame qué tienes en casa» (v. 2). La mujer atónita, pues esperaba otras palabras de parte del profeta, le respondió:

«Tu sierva ninguna cosa tiene en casa, sino una vasija de aceite» (v. 2). Como vemos, la mujer le mencionó lo poco que tenía, sin darse cuenta de que «el aceite» era la llave para solucionar su problema. El aceite era, precisamente, lo que la viuda necesitaba para resolver las dificultades en su hogar.

En la Biblia vemos que el aceite es una de las figuras que representa la presencia del Espíritu Santo.

En la Biblia vemos que el aceite es una de las figuras que representa la presencia del Espíritu Santo. Nosotros podemos aprender lo siguiente del episodio de la viuda: Cuando estamos en alguna necesidad, cualquiera que sea, lo que primero debemos saber es *qué* tenemos en casa. El propósito de Dios es que en nuestro hogar haya, por sobre todas las cosas, aceite. Es decir, la unción fresca del Espíritu Santo. Si tenemos el aceite de su Espíritu, tenemos el éxito asegurado, como le sucedió a la viuda que estaba en extrema necesidad. Observa que, a continuación, el profeta le dice a la viuda que haga algo curioso:

> Ve y pide para ti vasijas prestadas de todos tus vecinos, vasijas vacías, no pocas. Entra luego, y enciérrate tú y tus hijos; y echa en todas las vasijas, y cuando una esté llena, ponla aparte. Y se fue la mujer, y cerró la puerta encerrándose ella y sus hijos; y ellos le traían las vasijas, y ella echaba del aceite. Cuando las vasijas estuvieron llenas, dijo a un hijo suyo: Tráeme aún otras vasijas. Y él dijo: No hay más vasijas. Entonces cesó el aceite.
>
> 2 Reyes 4:3-6

Aquí estamos frente a un verdadero milagro divino de multiplicación de aceite. No obstante, lo que quiero enfatizar es que si queremos que haya aceite del Espíritu en nuestro hogar, debemos conseguir todas las vasijas vacías que podamos. Esto significa que debemos crear el espacio necesario donde se derrame el aceite y presentarnos vacíos ante el Señor. Observa que cuando se acabaron las vasijas vacías, se acabó el aceite (v. 6).

> Muchas veces en nuestro matrimonio llenamos nuestras «vasijas» de cosas triviales y superficiales, en vez de presentarnos vacíos ante Dios.

Muchas veces en nuestro matrimonio llenamos nuestras «vasijas» de cosas triviales y superficiales, en vez de presentarnos vacíos ante Dios y decirle: «Señor, mi vasija está vacía, y anhelo que la llenes de tu aceite divino». Si nos vaciamos, ¡Dios llenará nuestra vida y nuestro matrimonio de su Espíritu, y veremos la gloria de Dios! En cambio, si llenamos nuestra vida de otras cosas, nos quedaremos sin la bendita presencia del Señor. Cuánto más vacíos de nosotros mismos nos presentemos al Señor, más derramará Él de su aceite del cielo.

Por lo tanto, el Señor te pregunta hoy: «¿Qué tienes en tu casa?». Él está esperando que te vacíes de todo lo que te impide que seas lleno del aceite del cielo que bendecirá tu vida y tu matrimonio. ¿Estás dispuesto a crear los espacios necesarios para que en tu propia vida matrimonial suceda el milagro de la multiplicación del aceite y, por tanto, de una mayor presencia del Espíritu de Dios?

El Espíritu Santo y la vida familiar

Hoy es el día en el que debes tomar, por fe, esta promesa que cambiará tu vida matrimonial. La idea de Dios es que en nuestras vidas se cumplan todas sus promesas. Para esto, debemos apropiarnos de cada una de las promesas con una actitud de fe.

A veces decimos: «Hay muchas promesas, pero pareciera que en mi vida no se cumple ninguna. ¿Por qué?». En cuanto a esto te diré que una cosa es saber que soy heredero de las promesas de Dios y otra muy distinta es tomar las promesas, una por una, por la fe.

> Una cosa es saber que soy heredero de las promesas de Dios y otra muy distinta es tomar las promesas, una por una, por la fe.

Te daré un ejemplo: Imagínate que deseas comprar una bella casa en una zona residencial. Vas a la agencia de ventas de propiedades para que te lleven a visitar varias casas. Eliges una y empiezas a hacer los trámites correspondientes para adquirirla. Cuando das la entrada para la compra de la casa, te pertenece desde el punto de vista legal. Sin embargo, en la práctica, será tuya cuando empieces a vivir en ella. ¿Me entiendes?

Así sucede con las promesas que nos ha dado Dios. Nos pertenecen legalmente como hijos de Él y coherederos con Cristo, pero en la práctica serán nuestras cuando las tomemos por la fe y empecemos a disfrutarlas. Lo mismo se ajusta a la vida cristiana y al proceso de recibir más de la presencia del Espíritu Santo. Dios ya te ha dicho que Él quiere ungirte con su Espíritu Santo. Ahora debes dejar la duda y recibirlo por la fe. De ese modo verás cómo la gloria de Dios se derramará sobre tu vida y tu hogar, lo cual dará comienzo a una nueva etapa en tu vida personal y familiar.

Tal vez todavía sigas pensando que no es tan necesario pedirle al Espíritu Santo que derrame su poder en tu vida matrimonial. No obstante, te diré algo: Cuando leemos el famoso pasaje de Efesios 5:18 donde dice que seamos llenos del Espíritu, muchas veces olvidamos que unos pocos versículos más abajo expresan lo siguiente:

> Las casadas estén sujetas a sus propios maridos,
> como al Señor [...] Maridos, amad a vuestras
> mujeres, así como Cristo amó a la iglesia.
> Efesios 5:22, 25, énfasis añadido

Esto nos da a entender que existe una relación directa entre la vida en el Espíritu y la vida familiar. Hay familias cristianas que asisten con fidelidad a los cultos y participan en todas las actividades de la iglesia. Sin embargo, aunque sirven al Señor, su relación matrimonial no manifiesta la presencia del Espíritu. Por eso Dios quiere llenar de su Espíritu la vida de cada integrante de la familia hasta que desborde y pueda incluso contagiar a los que lo rodean.

El Espíritu Santo no solo quiere moverse con libertad en las reuniones de la iglesia, sino también en la vida matrimonial.

El Espíritu Santo no solo quiere moverse con libertad en las reuniones de la iglesia, sino también en la vida matrimonial. Debes saber que si tu matrimonio no está bajo el control del Espíritu Santo, lo que hagas para Dios no será de bendición. ¿Por qué? Porque Dios ama la sinceridad y no quiere encontrar «hipocresía» entre los integrantes de su Reino.

¿Crees que si en la iglesia manifestamos la presencia del Espíritu y no lo hacemos en nuestro matrimonio somos cristianos sinceros, sin hipocresía? *¡No en absoluto!* El propósito de Dios es que, tanto en el hogar como en la iglesia, su Espíritu se manifieste y opere con total poder y autoridad. Cuando esto sucede, la vida matrimonial es bendecida. Así que, con este fin, medita por un instante ante el Señor en las siguientes preguntas:

- ¿Soy consciente de que el Espíritu Santo es el único que puede ayudarme a tener un matrimonio feliz y bendecido?
- ¿Soy consciente de que sin la ayuda del Espíritu Santo no puedo poner en práctica de manera eficaz todos los consejos valiosos de la Palabra de Dios a fin de vivir en armonía matrimonial?
- ¿Me doy cuenta de verdad que necesito la participación del Espíritu Santo en mi vida y en mi matrimonio?
- ¿Reconozco que si bien el Espíritu de Dios *reside* en mi vida por haber aceptado a Cristo como mi Salvador no *preside* mi vida personal ni matrimonial?

Si respondiste afirmativamente a cada una de estas preguntas, significa que reconoces en realidad la necesidad de la participación poderosa y vital del Espíritu Santo en tu vida y tu matrimonio.

Pasos prácticos para una vida integral

A continuación te daré algunos pasos prácticos que te ayudarán para que el Espíritu Santo obre en cada aspecto de tu vida de modo que tu matrimonio y tu familia reciban la bendición de Dios:

1. Confiésale al Señor el pecado de no haberle dado lugar a la participación del Espíritu Santo en tu vida y tu matrimonio.
2. Recibe por fe, y en el nombre de Cristo, el perdón y la limpieza de tus pecados (1 Juan 1:9).
3. Pídele al Espíritu Santo que además de residir en tu vida, presida tu vida y tu matrimonio. Además, pídele que su presencia te llene e inunde como nunca antes.

4. Recibe por la fe la unción del Espíritu, bebe de los ríos de Agua viva y alaba al Señor, pues Él ha derramado su presencia sobre tu vida. Luego, bendice su nombre que es por sobre todo nombre.

5. Decide vivir cada día la vida llena del Espíritu que agrada al Señor (Efesios 5:18) y pon en práctica los principios de la Palabra de Dios en tu vida y tu matrimonio.

6. Ora cada día y pide una nueva y mayor frescura del Espíritu, a fin de que en tu hogar se respire la gloria de Dios.

Si seguiste cada uno de estos pasos con fe genuina, ten por seguro que a partir de ahora tienes el «Ingrediente» más importante de tu vida matrimonial. Tal vez tus problemas no se acaben al instante. Quizá sigan por un tiempo más, pero has dejado atrás el esfuerzo humano para darle participación a la obra sobrenatural del Espíritu. El Señor respaldará su Palabra y el Espíritu Santo hará la obra en tu vida y tu matrimonio.

Para el debate grupal

1. ¿Cuál es la palabra griega para «Consolador»?

2. La palabra «Consolador» está compuesta por dos palabras, ¿cuáles son? ¿Qué conclusión sacan al respecto?

3. ¿Cuándo fue la última vez que escucharon una predicación sobre la presencia del Espíritu Santo en la vida matrimonial? ¿Hace una semana, un mes o más de un año? ¿Se debería predicar con mayor frecuencia acerca de este tema?

4. ¿Por qué casi nunca asociamos al Espíritu Santo con la vida matrimonial, sino solo con las manifestaciones de su poder en las reuniones de la iglesia? ¿Qué es lo que nos hace pensar de esta manera?

5. ¿Vivimos pendientes todo el tiempo de la participación activa del Espíritu Santo en nuestra vida matrimonial o muchas veces ni siquiera lo tenemos en cuenta? En la práctica, ¿qué se puede hacer para cambiar este patrón de pensamiento?

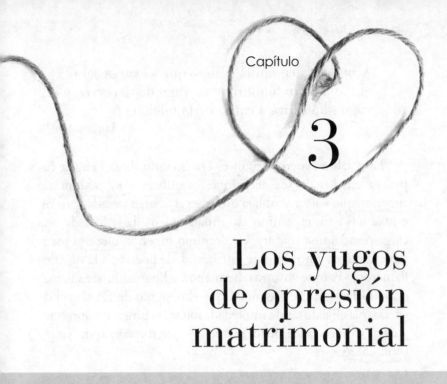

Los yugos
de opresión
matrimonial

Cuando una persona está dispuesta a recibir la presencia activa y poderosa del Espíritu Santo, el Señor empezará a trabajar de manera sobrenatural. Como resultado, pronto se verán cambios favorables, significativos y trascendentales, no solo en su vida personal, sino en su vida matrimonial. Así que el Señor empezará a remover las cosas que reprimen la plenitud de su Espíritu en la vida familiar, cosas que han estado estorbando durante años el cumplimiento del designio divino para su matrimonio. Por lo tanto, los años perdidos en la esclavitud y la opresión matrimonial pueden recuperarse cuando el Espíritu Santo interviene y el yugo se pudre a causa de la unción:

Acontecerá en aquel tiempo que su carga será quitada de tu hombro, y su yugo de tu cerviz, y el yugo se pudrirá a causa de la unción.

Isaías 10:27

La palabra «yugo», según el Diccionario de la Lengua Española en dos de sus acepciones, significa: «Ley o dominio superior que sujeta y obliga a obedecer. Carga pesada, prisión o atadura»[1]. En el sentido espiritual, «yugo» da la idea de una carga pesada, una atadura, un dominio superior, que nos mantiene cautivos y nos impide disfrutar de la libertad a la que nos llamaron: «Porque vosotros, hermanos, a libertad fuisteis llamados» (Gálatas 5:13). De modo que el designio de Dios es el de «desatar las ligaduras de impiedad, soltar las cargas de opresión, y dejar ir libres a los quebrantados, y que rompáis todo yugo» (Isaías 58:6).

Cada cónyuge tiene sus propios yugos que provienen de generaciones anteriores que vivieron en tinieblas, sin Cristo.

Cada cónyuge tiene sus propios yugos que provienen de generaciones anteriores que vivieron en tinieblas, sin Cristo. Estos yugos deben detectarse a la luz de Cristo y colocarse en el altar de Dios con el propósito de que el Espíritu Santo los destruya y dejen de dominar y atar su vida matrimonial.

Para ti, mujer, es probable que los yugos sean esa tendencia exagerada y enfermiza de celar a tu esposo o la envidia desmedida que sientes cuando te comparas con otras mujeres. Para ti, hombre, tal vez se traten de esos sentimientos de inferioridad o frustración laboral que te han perseguido por años. Quizá los yugos para ambos sean la poca comunicación y la falta de comprensión del uno con el otro. Todas estas cosas, que pueden ser muchas más y que el Señor le mostrará a cada uno en lo personal, deben colocarse en el altar de Dios para que el Espíritu Santo las consuma y las destruya. De esa manera, van a recibir la libertad de la opresión.

La detección de los yugos espirituales

Ahora bien, ¿qué se debe hacer para detectar los yugos espirituales? Si bien no existe una manera especial, a veces basta con dar una mirada a nuestro alrededor y también al pasado, más allá de nuestra percepción espiritual. Por ejemplo, si provienes de una familia donde tus padres se divorciaron, tu hermana también ha fracasado en su matrimonio y, además, tienes un tío que se divorció, es muy probable que te esté afectando ese yugo de opresión que quiere causarte problemas en tu matrimonio. A pesar de eso, desde el momento en que decidiste pasar al reino de la luz de Cristo y someterte a Él, tienes el respaldo de la Palabra de Dios que dice:

> Someteos, pues, a Dios; resistid al diablo, y huirá
> de vosotros.
>
> Santiago 4:7

Para ser felices en nuestro matrimonio, debemos limpiar nuestro hogar de todas esas cosas que nos impiden disfrutar de la verdadera libertad en Cristo: «Porque el Señor es el Espíritu; y donde está el Espíritu del Señor, allí hay libertad» (2 Corintios 3:17).

Esta libertad es la etapa inicial de nuestro andar cristiano. Antes de conocer a Cristo y darle lugar a la presencia activa del Espíritu Santo, éramos esclavos y vivíamos bajo el yugo satánico. Ahora, Dios nos ha rescatado de las tinieblas y nos ha llevado al Reino de su amado Hijo, no solo para ser libres, sino para que vivamos de gloria en gloria. Observa lo que dice este pasaje bíblico:

> Por tanto, nosotros todos, mirando a cara descubierta como en un espejo la gloria del Señor, somos transformados de gloria en gloria en la misma imagen, como por el Espíritu del Señor.
>
> 2 Corintios 3:18

Esto nos da a entender que la etapa que le sigue a la libertad es la gloria, la belleza y la hermosura de la imagen de Cristo reflejada en nuestra vida y nuestro matrimonio.

La etapa que le sigue a la libertad es la gloria, la belleza y la hermosura de la imagen de Cristo.

Por lo tanto, no interesa cuánta maldición haya en tu linaje familiar ni en tus antepasados. Si ahora andas tomado de la mano de Cristo y vives una vida llena del Espíritu Santo, puedes pararte con la autoridad de Dios ante cualquier yugo destructor y decir:

En el nombre de Jesucristo, tomo autoridad y ordeno que todo yugo de _____ (menciona el nombre específico del yugo personal y matrimonial que te ha estado oprimiendo) deje de atar y dominar mi vida y mi matrimonio. En el nombre de Jesucristo, ordeno que se pudra y se deshaga todo yugo de opresión que quiere impedirme disfrutar y vivir una vida matrimonial plena con la presencia del Espíritu Santo. Confieso que, a partir de este momento, la libertad del Espíritu Santo reina en mi vida y en mi matrimonio. Lo declaro hecho en el nombre de Jesús. Señor, ahora te pido que, a partir de hoy, cubras mi vida y mi matrimonio con tu sangre preciosa a fin de vivir para siempre bajo tu protección, seguridad y bendición. Gracias, Señor. Amén.

Si hiciste esta oración con fe, vas a empezar a notar cómo la «atmósfera espiritual» de tu vida personal y matrimonial irá cambiando cada día. Como resultado de ser libre de la atadura, la carga y el dominio de los yugos de opresión, comenzarás a respirar en un ambiente de paz, armonía y felicidad. Podrás disfrutar de la libertad plena que nos concedió Cristo y deshacerte del yugo de esclavitud:

> Estad, pues, firmes en la libertad con que Cristo nos hizo libres, y no estéis otra vez sujetos al yugo de esclavitud.
>
> Gálatas 5:1

Para el debate grupal

1. Mencionen al menos una palabra que defina lo que significa un yugo espiritual.
2. ¿Pueden detectar yugos de opresión que provienen de sus antepasados y que están afectando su vida personal y matrimonial? ¿Cuáles son?
3. Lean Santiago 4:7 y definan lo que significa, en la práctica, estar «sometidos a Dios».
4. Mencionen dos o tres maneras en las que el cristiano puede resistir al diablo.
5. Den una breve explicación acerca de las diferencias entre «el yugo de opresión» y «la libertad espiritual».

Nota

1. *Diccionario de la Lengua Española*, vigésima segunda edición, © Real Academia Española, 2003, © Espasa Calpe, S.A., 2003, edición electrónica, bajo la entrada «yugo».

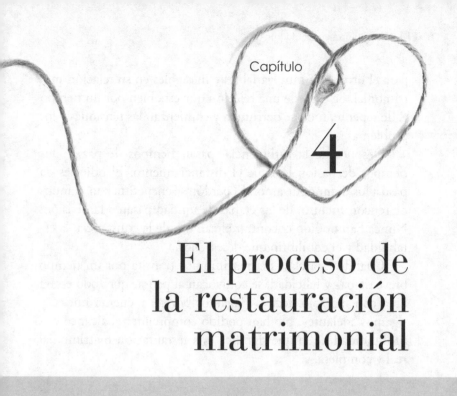

El proceso de la restauración matrimonial

A través de los años en los que mi esposa y yo hemos trabajado en el ministerio, hemos visto matrimonios que parecen dar vueltas todo el tiempo en un mismo ciclo, al que le llamo «ciclo repetitivo de destrucción». Además, hemos visto un gran número de esos matrimonios que han caído en ese «ciclo repetitivo de destrucción» que no pueden salir por su cuenta. A pesar de que esas parejas están juntas, no pueden alcanzar la constancia, la estabilidad, ni el equilibrio que se necesitan en todo matrimonio bendecido.

Ahora bien, ¿cuál es ese «ciclo repetitivo de destrucción» en la vida matrimonial? Este ciclo se caracteriza por la falta de constancia, de estabilidad y de equilibrio. También se distingue por los altibajos emocionales en el que los cónyuges pasan de encontrarse en un nivel óptimo a un pésimo estado de un día para el otro. Son muy variables e inestables en su relación matrimonial. Se trata de una relación que está bien por un tiempo y, de repente, todo se derrumba y comienzan las tensiones y los problemas.

Después de la turbulencia, pasan tiempos de paz. A los tiempos de pasión le sigue el distanciamiento. El odio les da paso a los tiempos de amor. El perdón se encuentra con tiempos de rencor. Incluso, de las etapas de unidad pasan a la división. Nunca han podido encontrar el camino de la constancia, la estabilidad y el equilibrio que desea Dios.

Cuando esta clase de matrimonios transita por un tiempo breve de paz y felicidad, se equivocan al pensar que todo estará bien con tan solo decir: «Hagamos borrón y cuenta nueva, y sigamos adelante». No han podido comprender el alcance y la profundidad de lo que significa una restauración matrimonial real y completa.

Los matrimonios con esta clase de vida de altibajos han desarrollado la incapacidad de llegar al fondo de sus conflictos o a la raíz de sus problemas.

Los matrimonios con esta clase de vida de altibajos han desarrollado la incapacidad de llegar al fondo de sus conflictos o a la raíz de sus problemas. Pretenden limpiar la casa y barrer la basura debajo de la alfombra. A simple vista todo parece limpio, ¡pero la basura todavía está en la casa!

Para experimentar un nuevo comienzo en el matrimonio, es necesario un proceso de restauración. El *Diccionario de la Lengua Española* define la palabra «restauración» de la siguiente manera: «Acción y efecto de restaurar»[1]. Entonces, ¿qué quiere decir la palabra «restaurar»? El mismo diccionario nos la define así: «Recuperar o recobrar. Reparar, renovar o volver a poner algo en el estado o estimación que antes tenía»[2].

De modo que cuando hablamos de restauración matrimonial nos referimos al proceso por el cual un matrimonio *recupera* o *recobra* la posición inicial diseñada por Dios desde el principio: «La bendición matrimonial». ¡Todo matrimonio se ha destinado para vivir en bendición. Por lo tanto, vivir por debajo de eso significa conformarse con mucho menos de lo que quiere Dios.

Ocho pasos clave para la restauración matrimonial

Lo que voy a describir a continuación es lo que considero una secuencia práctica para activar el proceso de restauración matrimonial. Esto se encuentra al alcance de cualquier matrimonio. Aun así, creo que para hacerlo de la manera adecuada, es conveniente pedirle la ayuda a un líder, o una persona de la congregación, que sea madura desde el punto de vista espiritual. Además, la persona que se elija debe actuar como una moderadora y un agente imparcial. No tienen por qué reunirse en la iglesia, podrían hacerlo incluso en la comodidad y la privacidad de tu hogar. Los pasos a desarrollar son los siguientes:

Primer paso: *Antes de comenzar con el proceso, los cónyuges deben ser conscientes por completo de que su matrimonio está en un ciclo destructivo y que deben tener el firme deseo de salir de ese ciclo.*

Esto es de vital importancia para no perder tiempo y esfuerzo. La experiencia ministerial nos ha mostrado que muchos matrimonios no quieren, en realidad, salir de ese ciclo destructivo. Muchas veces hay cosas ocultas en el corazón del ser humano que solo conocen Dios y la persona. Entonces, si no están dispuestos a ser sinceros y a exponer lo que tienen en el corazón, no podrán salir de ese ciclo destructivo.

Si no están dispuestos a ser sinceros y a exponer lo que tienen en el corazón, no podrán salir de ese ciclo destructivo.

Segundo paso: *Los cónyuges deben tener también el firme deseo de cerrar un ciclo destructivo y comenzar uno nuevo, lo cual requerirá sacrificio y dedicación esforzada.*

Los cambios requieren mucha valentía. Ningún cambio es fácil de lograr. De ahí que se requiera de paciencia, perseverancia y tiempo. Tampoco existen cambios de un día para el otro en la vida matrimonial. Dado que es una relación a largo plazo, hará falta una gran dosis de paciencia de parte de los cónyuges y, como resultado, los frutos se irán viendo con el tiempo.

Tercer paso: *Es necesario que los cónyuges entiendan el verdadero significado y el alcance del arrepentimiento individual y matrimonial.*

El arrepentimiento es mucho más que llorar y dolerse. Muchas personas nunca se arrepienten, sino que solo se sienten compungidas. Sin embargo, como nos dice la Biblia, «la tristeza que es según Dios produce arrepentimiento para salvación, de que no hay que arrepentirse; pero la tristeza del mundo produce muerte» (2 Corintios 7:10).

Recomendamos que, con la ayuda del moderador o del líder espiritual, los cónyuges tengan un tiempo para hablar y expresarse con libertad.

Cuarto paso: *Será necesario que ambos cónyuges arreglen, o salden, cuentas mutuas. Para esto hará falta que cada cónyuge se exprese con libertad en presencia del otro.*

Recomendamos que, con la ayuda del moderador o del líder espiritual, los cónyuges tengan un tiempo para hablar y expresarse con libertad sin que nadie los interrumpa. La idea es que cada cónyuge revele lo que tiene guardado en su corazón contra su cónyuge. Es la oportunidad de expresar lo que le duele, lo que no le gusta, lo que le afecta de forma negativa del otro cónyuge. Este acto puede ser muy doloroso para ambos, tanto para el cónyuge que habla como para el que escucha, pero su efecto es sanador y restaurador.

Quinto paso: *Una vez que ambos cónyuges se han expresado, cada uno debe decidir perdonar y olvidar.*
Dado lo difícil de la decisión de perdonar, recomendamos en especial la participación de un moderador que los guíe a dar este paso. No olvidemos que *perdonar* es un acto de fe, pero que *olvidar* está más ligado a nuestra alma, a nuestros sentimientos, e irá desapareciendo con el paso del tiempo. A eso se debe que la decisión de perdonar sea el punto de partida de toda restauración matrimonial.

No olvidemos que *perdonar* es un acto de fe.

Sexto paso: *El matrimonio debe realizar un acto espiritual, donde se humillen bajo la poderosa mano de Dios, a fin de clamar por un nuevo comienzo matrimonial que les permita dejar atrás el «ciclo repetitivo de destrucción».*
La Palabra de Dios nos lo expresa de esta manera tan significativa: «Humillaos, pues, bajo la poderosa mano de Dios, para que él os exalte cuando fuere tiempo» (1 Pedro 5:6). No hay mejor lugar para estar que debajo de la poderosa mano de Dios. Porque es allí donde se sanan las heridas, donde ocurren los milagros, donde el alma se fortalece. Y

es allí donde el matrimonio recibirá fuerzas para comenzar de nuevo.

Séptimo paso: *A partir de este momento, los cónyuges deberán trabajar en su matrimonio con esfuerzo y dedicación, al igual que se hace en una tarea de «siembra y cosecha».*
Toda tarea de siembra requiere de trabajo y esfuerzo. Así que el matrimonio no escapa de esta realidad, tanto física como espiritual. Entonces, para que los cónyuges vean el fruto de su esfuerzo, necesitarán esperar con paciencia y perseverancia hasta ver que la nueva semilla, que han plantado en su matrimonio, haya germinado y dado fruto: «Por la mañana siembra tu semilla, y a la tarde no dejes reposar tu mano» (Eclesiastés 11:6).

Es importante tener en cuenta que la evaluación siempre debe hacerse con la actitud de estimularse «al amor y a las buenas obras».

Octavo paso: *Después de un tiempo, será necesario evaluar el proceso de restauración.*
Es importante volver a evaluar el proceso de restauración para ver si hace falta seguir corrigiendo algunas cosas dentro del matrimonio. Es importante tener en cuenta que la evaluación siempre debe hacerse con la actitud de estimularse «al amor y a las buenas obras» (Hebreos 10:24). Además, también es conveniente que el matrimonio siga bajo la supervisión de un líder o persona de la iglesia que tenga madurez espiritual, con el propósito de que siga de cerca el progreso.

Sin duda, estos ocho pasos los ayudarán a la hora de restaurar su matrimonio. Además, el Señor está dispuesto a restaurar su matrimonio y les dice: «He aquí, yo hago nuevas todas las cosas» (Apocalipsis 21:5). Así que no olviden que sus *palabras son fieles y verdaderas*. Por lo tanto, ¡Él puede restaurar su matrimonio!

Para el debate grupal

1. Para los matrimonios: Lean en voz alta los «Ocho pasos clave para la restauración matrimonial», mediten en ellos y saquen conclusiones de cada paso.
2. Para los líderes espirituales o los consejeros matrimoniales: Expresen ideas y saquen conclusiones de acuerdo con la necesidad del lugar en el que están trabajando.

Notas

1. *Diccionario de la Lengua Española*, vigésima segunda edición, © Real Academia Española, 2003, © Espasa Calpe, S.A., 2003, edición electrónica, bajo la entrada «restauración».
2. *Ibíd.*, bajo la entrada «restaurar».

Las raíces que dan frutos de bendición

Existe una preciosa realidad espiritual que no podemos pasar por alto, pues gracias a la obra de Cristo en la cruz, ya no pertenecemos al reino de las tinieblas, sino al reino de Dios:

> Con gozo dando gracias al Padre que nos hizo
> aptos para participar de la herencia de los santos
> en luz; el cual nos ha librado de la potestad de
> las tinieblas, y trasladado al reino de su amado
> Hijo, en quien tenemos redención por su sangre, el
> perdón de pecados.
>
> Colosenses 1:12-14

Este pasaje de las Escrituras nos muestra un cambio de posición espiritual que debe manifestarse en el mundo natural. Al aceptar a Cristo en nuestro corazón, somos «trasladados» de un reino a otro. Este es un cambio de posición que nos autoriza y nos califica para lograr dos cosas:

1. Dejar atrás la vieja vida, y vencer al pecado y al diablo.
2. Cambiar nuestra naturaleza humana por la de Cristo.

Como resultado del cambio de posición, vemos que se lleva a cabo una transformación progresiva, tal y como lo describe el apóstol Pablo en su carta a los efesios:

En cuanto a la pasada manera de vivir, despojaos del viejo hombre, que está viciado conforme a los deseos engañosos, y renovaos en el espíritu de vuestra mente, y vestíos del nuevo hombre, creado según Dios en la justicia y santidad de la verdad. Por lo cual, desechando la mentira, hablad verdad cada uno con su prójimo; porque somos miembros los unos de los otros.

Efesios 4:22-25

Según este pasaje bíblico, el cambio que se produce es progresivo y tiene cuatro secuencias:

1. Despojarse del viejo hombre.
2. Renovar la mente.
3. Vestirse del nuevo hombre.
4. Desechar lo antiguo.

Los cambios espirituales siempre deben manifestarse de esta manera en nuestra vida. El problema es que, por algún motivo, nos hemos detenido y nos hemos conformado solo con el cambio de posición y no hacemos nada para conseguir un cambio progresivo en nuestra vida. Vemos que otros cristianos cambian sus hábitos, sus costumbres, su manera de hablar, de pensar, etc., y nos gustaría ser como ellos, pero no vemos los mismos cambios en nuestra vida. Al viejo hombre le hemos añadido la religión, pero no la vida de Cristo que es lo único que puede producir cambios específicos.

 No hay peor cosa que añadirle religión al viejo hombre.

No hay peor cosa que añadirle religión al viejo hombre. En realidad, esto transforma al cristiano en un fariseo que expresa religión por todos lados, en lugar de manifestar el fruto del Espíritu Santo. Hay una gran diferencia entre los que manifiestan a Cristo y el fruto del Espíritu y los que evidencian el espíritu religioso farisaico «con apariencia de piedad» (2 Timoteo 3:5) y sin frutos que reflejen la vida de Cristo.

El origen del problema

Cuando vemos nuestras dificultades en tratar de producir un cambio positivo en nuestra vida, nos demos cuenta que estamos estancados. Quizá tengamos deseos de cambiar aspectos de nuestra vida y nos esforzamos por dar frutos que manifiesten la vida de Cristo, pero fallamos una y otra vez. Queremos dar fruto, pero no podemos. ¿Qué está pasando? Nuestro problema es que queremos cambiar el fruto. Es decir, mostrar cambios de hábitos y de conducta, pero nos olvidamos de algo esencial: «Cambiar la raíz».

Ningún agricultor puede esperar que un árbol de manzanas produzca naranjas. Si quieres cosechar naranjas, tendrás que plantar una semilla de naranja. Luego, esa semilla germinará, crecerá y echará raíces que sostendrán el árbol que, al final, dará naranjas. De la misma manera, si en nuestra vida hay raíces que no corresponden a las de un hijo de Dios, no seremos capaces de dar el fruto de bendición que esperamos.

Entonces, ¿cuál es la solución del problema? El ministerio de Juan el Bautista puede ayudarnos a encontrar esa solución tan deseada:

> Haced, pues, frutos dignos de arrepentimiento, y no comencéis a decir dentro de vosotros mismos: Tenemos a Abraham por padre; porque os digo que Dios puede levantar hijos a Abraham aun de estas piedras. Y ya también el hacha está puesta a la raíz de los árboles; por tanto, todo árbol que no da buen fruto se corta y se echa en el fuego.
>
> Lucas 3:8-9

Cuando leemos este pasaje, nos damos cuenta que tenemos que ir a las raíces de nuestra vida. Como resultado, lograremos detectar la causa o la naturaleza de nuestros pecados, nuestros malos hábitos, nuestras malas actitudes y nuestras reacciones que bien sabemos que no agradan al Señor. En el momento que ponemos el hacha en la raíz que no corresponde a la vida de un hijo de Dios, podemos arrancarla en el nombre del Señor y sembrar una semilla de piedad, que echará raíces y crecerá hasta dar el fruto del Espíritu. Solo con raíces de piedad podemos dar «frutos dignos de arrepentimiento» que glorifican a Dios y bendicen nuestra vida y nuestro matrimonio.

Solo con raíces de piedad podemos dar «frutos dignos de arrepentimiento» que glorifican a Dios.

Ahora bien, ¿cómo se arranca una mala raíz? Con el «hacha» del arrepentimiento. Cuando vamos hasta el origen de nuestro problema con el «hacha» del arrepentimiento, podemos arrancar las raíces de impiedad y sembrar semillas de piedad que glorifiquen a Dios.

El arrepentimiento implica mucho más que lágrimas. Las lágrimas no garantizan un arrepentimiento genuino ni verdadero. Una cosa es el remordimiento interior y otra muy diferente es el Espíritu Santo que contrista nuestro corazón y produce arrepentimiento. Si no vamos a la raíz de nuestros problemas con el hacha del Espíritu (arrepentimiento), estaremos pidiendo perdón a Dios y a los demás por nuestro proceder equivocado (fruto) una y otra vez. Viviremos en un ciclo repetitivo que será interminable:

Fallar ➤ Pedir perdón ➤ Fallar ➤ Pedir perdón

De esta manera, nunca seremos capaces de crecer. Entonces, para romper este ciclo hay que ir a la raíz de nuestro proceder equivocado. Es decir, tenemos que ir al origen del problema, de modo que le demos la debida solución.

> Tenemos que ir al origen del problema, de modo que le demos la debida solución.

Dinámica del arrepentimiento

A fin de saber colocar «el hacha del Espíritu» en nuestra vida, tenemos que entender cuál es la dinámica del arrepentimiento. Veamos:

1. **El arrepentimiento genuino y verdadero implica reconocimiento**

   Muchas personas parecen ajenas a su problema de raíz. Es más, parecen ciegas a su realidad espiritual. Por eso debemos tener presente que existen varias señales que Dios nos da con el propósito de que veamos, y reconozcamos, las raíces de impiedad:

- *Nuestras reacciones.* Es decir, lo que fluye de nuestra vida. Las malas actitudes, las malas reacciones, las malas palabras y las malas acciones. Si nos detenemos a pensar un poco, todos sabemos bien cuándo obramos mal, aunque no deseemos reconocerlo.
- *La Palabra de Dios.* Las raíces de impiedad son muy evidentes cuando recibimos la enseñanza bíblica en forma de predicaciones y enseñanzas de los siervos de Dios.
- *Los sabios consejos.* Esta llamada al cambio la obtenemos de los siervos del Señor y de los hermanos maduros en la fe.

Cuando nos analizamos a la luz de estas señales, se ponen de manifiesto las raíces que debemos arrancar para siempre de nuestra vida.

Una vez que reconocemos que tenemos raíces malas, le cedemos paso a nuestra vida al Espíritu Santo.

2. **El arrepentimiento genuino y verdadero implica el deseo de cambio**
Una vez que reconocemos que tenemos raíces malas, le cedemos paso a nuestra vida al Espíritu Santo, «porque Dios es el que en vosotros produce así el querer como el hacer, por su buena voluntad» (Filipenses 2:13).

3. **El arrepentimiento genuino y verdadero implica una acción definida de cambio**
El reconocimiento de las raíces malas y el deseo de cambiar no dará ningún beneficio si no le añadimos una actitud

de trabajo y esfuerzo en nuestra vida espiritual. Si corto la raíz de impiedad y no planto una nueva semilla de piedad, es probable que vuelva a crecer una raíz mala. Por algo el apóstol Pablo escribió lo siguiente: «Ocupaos en vuestra salvación con temor y temblor» (Filipenses 2:12). Todos sabemos que la mala hierba de un jardín crece más rápido que la buena hierba. La mala hierba crece sola, sin ningún esfuerzo ni cuidado especial. Sin embargo, debido a que nos da mucho trabajo mantener un césped verde y tupido, ¡cuánto más debemos ocuparnos del jardín de nuestro corazón!

Debido a que nos da mucho trabajo mantener un césped verde y tupido, ¡cuánto más debemos ocuparnos del jardín de nuestro corazón!

Cómo se detectan las raíces malas y se sustituyen por raíces buenas

A continuación te daré una lista de raíces malas y sus frutos, así que léela con sumo cuidado. Luego, pídele al Espíritu Santo que te ayude a identificar tus raíces malas para que, más tarde, se las entregues al Señor y las sustituyas por las que le agradan a Él. ¡Ha llegado el momento de arrancar las raíces malas de tu vida y plantar la buena semilla que crecerá y producirá los frutos del Espíritu!

Instrucciones:
A fin de saber cuál es la raíz que te hace dar fruto malo, marca con una «X» donde veas reflejadas tus actitudes, reacciones o acciones. Al detectar el fruto malo, descubrirás la raíz mala y podrás cortarla con el hacha del arrepentimiento en el nombre de Jesús. Después, siembra por fe la nueva semilla en el terreno de tu corazón.

1. La raíz de la mentira y sus frutos

____ Mentira   ____ Acusaciones

____ Chismes   ____ Lisonjas

____ Murmuraciones   ____ Engaño

____ Calumnias   ____ Esclavitud

Sustituye estas raíces por una nueva: El espíritu de verdad

2. La raíz del orgullo y sus frutos

____ Altivez   ____ Rivalidad

____ Soberbia   ____ Autoengaño

____ Terquedad   ____ Contiendas

____ Rebelión   ____ Escarnio

____ Falta de sumisión   ____ Fariseísmo

Sustituye estas raíces por una nueva: El espíritu de humildad

3. La raíz del temor y sus frutos

____ Temor   ____ Tormento

____ Fobia   ____ Horror

____ Pesadillas   ____ Temor al hombre

____ Ansiedad   ____ Desconfianza

____ Tensión   ____ Incredulidad

Sustituye estas raíces por una nueva: Amor, poder y dominio propio

4. La raíz del engaño y sus frutos

____ Mentiras

____ Hipocresía

____ Conciencia cauterizada

____ Seducción

____ Engaño

____ Tendencia hacia caminos equivocados y perversos

Sustituye estas raíces por una nueva: El espíritu de verdad

5. La raíz de la amargura y sus frutos

____ Desánimo

____ Tristeza

____ Negativismo

____ Ira

____ Peleas

____ Discordia

____ Rencores

____ Celos

____ Pesimismo

____ Odio

____ Desesperación

____ Falta de perdón

____ Angustia

____ Predisposición al sufrimiento

Sustituye estas raíces por una nueva: El manto de alegría

6. La raíz del amor al dinero y sus frutos

____ Azar

____ Comparación

____ Envidia

____ Codicia

____ Materialismo

____ Control

____ Aires de influencia o poder

____ Autosuficiencia

_____ Avaricia   _____ Independencia

_____ Retenedor   _____ Búsqueda de status

Sustituye estas raíces por una nueva: La prosperidad de Dios

7. **La raíz de la impureza sexual y sus frutos**

_____ Lujuria   _____ Pasiones
                                        descontroladas

_____ Prostitución   _____ Orgías

_____ Obscenidad   _____ Curiosidad

_____ Homosexualismo   _____ Mente sexuada

_____ Lesbianismo   _____ Adulterio

_____ Masturbación   _____ Palabras insinuantes

_____ Afeminado   _____ Mirada lasciva

_____ Marimacho   _____ Mujer provocativa
                                        (forma de caminar,
                                        contoneo, vestimenta
                                        sugestiva)

Sustituye estas raíces por una nueva: La pureza sexual individual y matrimonial

8. **La raíz de la destrucción del cuerpo y sus frutos**

_____ Debilidad   _____ Beber en exceso

_____ Raquitismo   _____ Falta de higiene

_____ Glotonería   _____ Desaliño

_____ Obesidad   _____ Envejecimiento
                                        prematuro

Sustituye estas raíces por una nueva: La salud física sobrenatural

9. La raíz de hedonismo (cuidado excesivo del cuerpo) y sus frutos

_____ Culto a la belleza   _____ Maquillaje excesivo

_____ Bulimia   _____ Gimnasia excesiva

_____ Anorexia   _____ Cirugías estéticas

_____ Dietas excesivas   _____ Implantes

Sustituye estas raíces por una nueva: El cuidado del templo del Espíritu Santo

Muchas veces lo único que hacemos es echarle la culpa a nuestro cónyuge por la desdicha matrimonial que experimentamos. Sin embargo, la realidad es que lo que debemos hacer es ocuparnos de nuestra propia vida espiritual. Si nuestra vida personal manifiesta el carácter de Cristo, veremos la gloria de Dios en nuestra vida personal y matrimonial.

Para el debate grupal

1. ¿Qué significa, en la práctica, despojarse del viejo hombre y vestirse del nuevo hombre en Cristo? Mencionen uno o dos ejemplos.
2. ¿Por qué nos cuesta tanto cambiar un mal hábito?
3. Expliquen lo que significa la palabra «arrepentimiento».
4. ¿Son las lágrimas una señal de genuino arrepentimiento? Respalden su respuesta.
5. Dediquen unos minutos a meditar en silencio para que cada uno le entregue al Señor los aspectos en que deben cambiar.

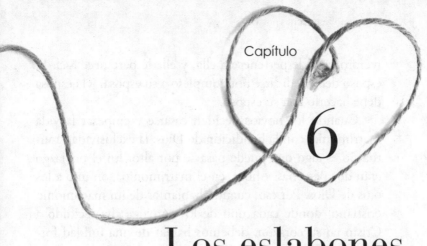

Los eslabones
del matrimonio
bendecido por Dios

Con el fin de poder experimentar la bendición de tener un matrimonio que glorifique a Dios, no solo debemos trabajar de forma individual en nuestra vida, sino que también debemos aplicar ciertos principios conyugales. A estos los he llamado «eslabones», pues cuando están presentes en el matrimonio, fortalecen y solidifican la vida matrimonial.

A continuación veremos doce eslabones que permiten un matrimonio bendecido por Dios.

1. LA EXCLUSIVIDAD MUTUA

En Génesis, el primer libro de la Biblia, leemos lo siguiente: «El hombre [...] se unirá a su mujer» (Génesis 2:24). En otras palabras, tanto el hombre como la mujer que se unen en matrimonio se dirigen al camino de la exclusividad recíproca. Él le pertenece a ella, y ella le pertenece a él. El esposo debe dedicarse por completo a su esposa, y la esposa debe hacerlo con su esposo.

Cuando los novios deciden casarse y empezar la vida matrimonial con la bendición de Dios, la exclusividad mutua no es algo que puede pasarse por alto. En el noviazgo eran dos personas. Ahora, en el matrimonio, son uno a los ojos de Dios. Por eso, cuando hablamos de un matrimonio cristiano, donde cada uno de los cónyuges ha recibido a Cristo en su corazón, debemos hablar de una unidad formada por Dios-Esposo-Mujer.

El Diccionario de la Lengua Española define la palabra «exclusivo» como: «Privilegio o derecho en virtud del cual una persona o corporación puede hacer algo prohibido a las demás»[1]. Basados en esta definición podemos afirmar que el matrimonio es un privilegio en el que no se puede incluir a nadie más.

El matrimonio es un privilegio en el que no se puede incluir a nadie más.

Así que, ahora, te invito a hacer un alto en la lectura de este capítulo, a fin de invertir un tiempo delante del Señor y darle gracias por el privilegio que te concedió al poder formar un matrimonio con tu cónyuge. Repite esta oración con tus palabras:

Señor, te doy gracias por la vida de mi pareja y por el privilegio de vivir mi vida a su lado.

En realidad, el matrimonio es un privilegio que nos concede Dios. Por lo tanto, merece todo nuestro esfuerzo para cultivarlo, mejorarlo, protegerlo y enriquecerlo. Muchos se relajan al casarse porque piensan que no deben trabajar en su relación matrimonial para perfeccionarla. ¡Qué equivocación! Si no nos dedicamos a mejorar, cultivar y proteger nuestro matrimonio, seremos presa fácil del destructor del matrimonio: Satanás.

Los tres aspectos básicos de la exclusividad matrimonial

El plan del enemigo consiste en destruir la vida familiar. En cambio, Jesucristo vino para darle vida y «color» a la vida familiar. Con el propósito de tener la bendición de Dios en nuestro matrimonio debemos trabajar en la exclusividad matrimonial y sus tres aspectos básicos: Exclusividad física, exclusividad intelectual o emocional y exclusividad espiritual.

> Con el propósito de tener la bendición de Dios en nuestro matrimonio debemos trabajar en la exclusividad matrimonial y sus tres aspectos básicos.

La exclusividad en estos aspectos le permite a la mujer realizarse como esposa, ama de casa y madre. En cuanto al hombre, le permite desarrollarse como esposo, jefe de familia y padre.

La exclusividad para la esposa

- La *exclusividad física* significa no solo recibir de su esposo satisfacción sexual, sino también sostén económico. El esposo debe ser el que provee todo lo suficiente para que ella viva bien y feliz.
- La *exclusividad intelectual* o *emocional* significa recibir de su esposo satisfacción emocional para que se sienta realizada en la vida como amante esposa, dedicada ama de casa, madre brillante y ayuda idónea.
- La *exclusividad espiritual* significa recibir de su esposo cobertura, instrucción, cuidado y ejemplo como líder del hogar y responsable ante Dios por su esposa.

La exclusividad para el esposo

- La *exclusividad física* significa recibir de su esposa, aparte de satisfacción sexual, el apoyo con el fin de poder cumplir sus objetivos y metas en la vida.
- La *exclusividad intelectual* o *emocional* significa recibir de su esposa el apoyo y el reconocimiento que necesita para sentirse realizado como esposo, jefe de familia, padre, trabajador y hombre de negocios.
- La *exclusividad espiritual* significa recibir de su esposa el apoyo continuo en oración para que el Señor lo proteja y lo libre de toda tentación y mal.

¿Te ha quedado claro lo que implica la «exclusividad» en el matrimonio?

Aprovecha hoy la oportunidad y dile a tu cónyuge: «¡Te pertenezco de manera exclusiva, y tú solo me perteneces a mí!».

2. LA FIDELIDAD MUTUA

Toda pareja que quiere ser feliz en el matrimonio debe trabajar para cultivar y mantener la fidelidad mutua. No basta con la fidelidad de un solo cónyuge. En realidad, hace falta la fidelidad de ambos cónyuges.

No es nada nuevo decir que la infidelidad ha afectado a muchos matrimonios, incluso cristianos, y ha provocado desunión, peleas y divorcios. Cuando hablamos de infidelidad, casi siempre la asociamos con un «amante». Sin embargo, la verdad es que tiene un sentido más amplio.

El verdadero amante es aquel que le es fiel a una sola persona, disfruta de su compañía, la cuida y la protege durante toda la vida.

En cierta ocasión, leí la definición de un «verdadero amante» que decía: «El verdadero amante es aquel que le es fiel a una sola persona, disfruta de su compañía, la cuida y la protege durante toda la vida». Para el mundo en que vivimos esta definición es bastante «rara», ¿verdad? Hoy, cuando se menciona la palabra «amante», se piensa en alguien que tiene alguna relación extramatrimonial pasajera. En cambio, por la definición que hemos dado, vemos que es esa persona que permanece fiel a cónyuge para toda la vida. Sin fidelidad mutua es imposible tener un hogar feliz.

 Sin fidelidad mutua es imposible tener un hogar feliz.

El Diccionario de la Lengua Española define la «fidelidad» de la siguiente manera: «Lealtad, observancia de la fe que alguien debe a otra persona»[2]. Una vez leí que se definía como la «exactitud en cumplir con sus compromisos, constancia en el cariño». Es verdad, cuando soy leal para con mi cónyuge, soy constante en mi amor hacia su persona.

La fidelidad es una palabra muchas veces olvidada y hasta ridiculizada por el mundo. Sin embargo, es uno de los cimientos de la felicidad matrimonial. Por eso es oportuno comentar que a nuestra naturaleza humana, viciada con sus deseos pecaminosos, no le gusta practicar la fidelidad. En realidad, ama la infidelidad. El Señor, conocedor de que en nuestro interior tenemos esa tendencia pecaminosa, nos dice lo siguiente:

> Pues no nos ha llamado Dios a inmundicia, sino a santificación.
>
> 1 Tesalonicenses 4:7

Cuando recibimos a Cristo en el corazón y aprendemos a caminar la vida cristiana llenos del Espíritu Santo y la Palabra de Dios, podemos decirle «no» a nuestros deseos impuros que nos quieren conducir a la infidelidad, y sí a la pureza y la fidelidad matrimonial.

Existen muchos cónyuges que, a pesar de ser fieles de manera física, son infieles con su mente. Nuestra sociedad nos invade a cada momento con películas, fotos, revistas, sitios y propaganda de Internet indecentes, a fin de llevarnos por el sendero perverso de la infidelidad. A nuestra mente la bombardean de tal manera que, si cedemos a la tentación, podemos caer en la trampa de ser mentalmente infieles en nuestro matrimonio.

Si cedemos a la tentación, podemos caer en la trampa de ser mentalmente infieles en nuestro matrimonio.

Antídotos para la infidelidad

Sin embargo, el creyente en Cristo tiene el llamado a vivir una vida de fidelidad matrimonial. Así que le hace falta el siguiente antídoto para vencer este mal que ha destruido y sigue destruyendo a tantos matrimonios:

- *El reconocimiento que la infidelidad es una obra de la carne*: «Manifiestas son las obras de la carne, que son: adulterio, fornicación, inmundicia, lascivia, idolatría, hechicerías, enemistades, pleitos, celos, iras, contiendas, disensiones, herejías, envidias, homicidios, borracheras, orgías, y cosas semejantes a estas; acerca de las cuales os amonesto, como ya os lo he dicho antes, que los que practican tales cosas no heredarán el reino de Dios (Gálatas 5:19-21).
- *La plenitud del Espíritu Santo*: «No os embriaguéis con vino, en lo cual hay disolución; antes bien sed llenos del Espíritu, hablando entre vosotros con salmos, con himnos y cánticos espirituales, cantando y alabando al Señor en vuestros corazones; dando

siempre gracias por todo al Dios y Padre, en el nombre de nuestro Señor Jesucristo» (Efesios 5:18-19).

El plan de Dios para la felicidad matrimonial es un hombre para una mujer y una mujer para un hombre, tal como lo dice Génesis 2:24: «El hombre [un hombre] se unirá a su mujer [una mujer]».

El plan de Dios para la felicidad matrimonial es un hombre para una mujer y una mujer para un hombre.

Pasos para vencer pensamientos impuros

Si en este tiempo a tu mente la están bombardeando pensamientos de infidelidad, quiero darte los siguientes pasos que te ayudarán a vencer todo pensamiento impuro que te quiera llevar a la infidelidad matrimonial:

- Admite que todo pensamiento de infidelidad y todo acto de adulterio son pecados ante Dios: «Pero yo os digo que cualquiera que mira a una mujer para codiciarla, ya adulteró con ella en su corazón» (Mateo 5:28).
- Confiesa los pensamientos cada vez que se produzcan: «Si confesamos nuestros pecados, él es fiel y justo para perdonar nuestros pecados, y limpiarnos de toda maldad» (1 Juan 1:9).
- Pídele a Dios que te quite el hábito y limpie tu mente de toda cosa impura: «Y esta es la confianza que tenemos en él, que si pedimos alguna cosa conforme a su voluntad, él nos oye. Y si sabemos que él nos oye en cualquiera cosa que pidamos, sabemos que tenemos las peticiones que le hayamos hecho» (1 Juan 5:14-15).

- Pide que seas lleno del Espíritu Santo: «Sed llenos del Espíritu» (Efesios 5:18).
- Dale gracias a Dios por la victoria y pídele al Espíritu Santo que te ayude a tener pensamientos puros: «El Espíritu nos ayuda en nuestra debilidad» (Romanos 8:26).
- Repite la fórmula cada vez que tengas los pensamientos impuros de infidelidad.

Nunca olviden que ninguna «aventura clandestina» podrá igualar jamás a la relación matrimonial.

Esposo y esposa que están leyendo este libro con la intención de mejorar su relación matrimonial: Nunca olviden que ninguna «aventura clandestina» podrá igualar jamás a la relación matrimonial. Esposo, disfruta con tu mujer y decide, por amor a Dios y a ella, serle fiel cada día de tu vida con tu mente y corazón. Mujer, sé primero fiel al Señor y después a tu esposo. Bríndale la seguridad de saber que eres suya para siempre.

3. La comunicación mutua

Existen matrimonios que viven juntos bajo el mismo techo, pero están separados, desunidos y divididos por la falta de comunicación. Parece ser una paradoja que en esta era de la comunicación con telefonía móvil de última generación, computadoras cada vez más compactas y modernas con acceso a la Internet y correo electrónico y, por supuesto, las ya famosas «redes sociales», los matrimonios cada vez se comunican menos y se separan más. De esto se desprende que el arte de la comunicación nada tiene que ver con los medios que tengamos a nuestro alcance, sino con la disposición de nuestro corazón. Es más, en el mundo actual podemos caer en la trampa de dedicarnos más a las redes sociales y a una especie de «comunicación virtual» que a la verdadera comunicación con la persona que tenemos a nuestro lado.

> En el mundo actual podemos caer en la trampa de dedicarnos más a las redes sociales y a una especie de «comunicación virtual» que a la verdadera comunicación.

El arte de la comunicación

Los expertos en comunicación dicen que el arte de la comunicación contiene tres elementos:

- Hablar
- Escuchar
- Comprender

Hablar lo hace cualquiera, pero escuchar y comprender es mucho más difícil. Es triste ver que muchos cónyuges ni siquiera se hablan y parecen dos extraños que conviven bajo el mismo techo. La consecuencia de la incomunicación es la desunión que levanta los muros de la división. Así como el pecado interrumpe nuestra comunicación con Dios, la incomunicación separa los matrimonios. ¿Qué podemos hacer? Veamos una serie de aspectos importantes a fin de superar este problema tan grave:

- *Reconozcan que les falta diálogo el uno con el otro*: Es necesario poder tratar todos los asuntos de la vida con absoluta franqueza y libertad. El diálogo debe ser algo normal, habitual y cotidiano en la vida matrimonial.
- *Acepten las diferencias de opinión*: Diversas parejas no logran ponerse de acuerdo cuando tratan un asunto. Así que prefieren el silencio. Algunos cónyuges dicen: «Mejor ni hablar de este problema».

Cuando sucede eso, comienzan a levantarse muros de división. Es necesario que sepamos que es imposible estar de acuerdo por completo con nuestro cónyuge (en realidad, con cualquier persona), debido a que tenemos diferencias de carácter, distintos trasfondos familiares y culturales y diversas visiones de la vida.

- *Tengan una actitud de madurez y predisposición al cambio*: Si hasta ahora no has podido tener una buena comunicación con tu cónyuge, este es el momento de comenzar. Si hasta la fecha has tenido una comunicación deficiente, ahora es tiempo de perfeccionarla.

Si hasta la fecha has tenido una comunicación deficiente, ahora es tiempo de perfeccionarla.

- *Tomen la iniciativa en el diálogo*: Alguien siempre debe comenzar la conversación. No esperes que tu cónyuge la comience. Inicia tú mismo el camino de la buena comunicación.
- *No se interrumpan entre sí cuando uno de los dos está hablando*: Permite que tu cónyuge se exprese con libertad, aunque lo que te diga no te guste mucho. Espera a que termine y, luego, da tu propia opinión. Primero, escucha con atención. Después, responde basándote en lo que has escuchado. No tengas una respuesta preparada con antelación.
- *Ejerzan el hábito de la comprensión*: ¿Qué significa esto? ¡Ponerse en el lugar del otro! Si tu esposa te comenta alguna carga o inquietud, primero escúchala y, luego, ponte en la situación de ella. De esta manera, lo que digas después será eficaz. Si tu esposo

te habla acerca de algún asunto en particular, escúchalo con atención, mujer, y después ponte en su situación. De esta manera, serás una mujer con éxito en la comunicación matrimonial.

Es posible tener, y aun mejorar, la comunicación matrimonial ¡Hoy es el día de empezar!

4. LA UNIDAD MUTUA
En la Biblia encontramos un pasaje muy significativo con respecto a la unidad mutua:

> Completad mi gozo, sintiendo lo mismo, teniendo el mismo amor, unánimes, sintiendo una misma cosa.
>
> Filipenses 2:2

Si bien estas son palabras de Pablo y Timoteo a los hermanos de la iglesia de Filipos, no estamos errados si las aplicamos al matrimonio, puesto que la unidad es un eslabón que no puede faltar en ninguna pareja que quiere ser feliz en su matrimonio. En la medida que una pareja logre estar unida, su matrimonio será indestructible. La unidad va más allá de tener la misma opinión o los mismos gustos. Es algo más profundo.

La unidad va más allá de tener la misma opinión o los mismos gustos.

Consejos prácticos para la unidad mutua

A continuación, daré algunos consejos prácticos que les ayudarán a fomentar y a vivir en unidad mutua:

No permitan que los de «afuera» se entremetan en el matrimonio

La palabra «afuera» tiene que ver con cualquiera que no sea el esposo o la esposa. Muchas veces las opiniones de familiares o amigos pueden provocar división en el matrimonio. Un caso muy común es el que se da cuando uno de los cónyuges todavía no ha cortado el cordón umbilical con sus padres, sobre todo en la relación de madre-hijo. Así que les permiten entremeterse en su vida matrimonial. No estoy diciendo que el consejo de los padres no sea bueno, sino que hay padres que se entremeten a propósito en la vida matrimonial de sus hijos para imponerles ciertas pautas e ideas.

> La vida matrimonial se vive entre dos personas y les corresponde a los cónyuges vivir su propia vida.

La vida matrimonial se vive entre dos personas y les corresponde a los cónyuges vivir su propia vida. Cuando un hijo se casa, ya no se debe a sus padres, sino a su cónyuge. Lo que sí debe continuar vigente es el respeto y la honra hacia ellos.

Sin embargo, nunca deben interponerse el modo de pensar ni el gusto de los padres con los de los cónyuges. Todos conocemos a padres «entremetidos» que terminan provocando divisiones en el matrimonio de sus hijos.

Tanto el esposo como la esposa que desean un matrimonio feliz, deben estar atentos y evitar que cualquier persona de «afuera» resquebraje la unidad entre ellos. Quizá se trate de los padres, los vecinos, los hermanos o cualquier otra persona.

Los consejos de los demás nunca están de más. En cambio, si son consejos sabios, no serán una imposición, sino una sugerencia. En toda familia debe haber una cabeza [el esposo]: «Porque el marido es cabeza de la mujer» (Efesios 5:23), y alguien que le apoye y siga [la esposa]: «Las casadas estén sujetas a sus propios maridos» (Efesios 5:22). Ante cualquier decisión, ellos son los que tienen la última palabra.

La unidad debe verse también en el apoyo mutuo ante los demás

Hay un antiguo refrán que dice: «Los trapos sucios se lavan en casa». No obstante, a muchos les gusta hablar de los defectos de su cónyuge con los demás. El esposo habla con otros acerca de su mujer y dice: «¡Mi esposa grita todo el tiempo!». Además, la esposa se queja de su esposo y dice: «¡Mi marido tiene un carácter horrible!». Otros no hacen esto, pero discuten de manera acalorada en público y de esta manera demuestran que hay grietas en su unidad matrimonial.

> Cuando uno de los cónyuges corrige a la otra persona en público, le está humillando y degradando.

Eviten las correcciones en público

Cuando uno de los cónyuges corrige a la otra persona en público, le está humillando y degradando. De esta manera, le está mostrando que no le ama. El que ama corrige en secreto, en la intimidad del hogar. La Palabra de Dios dice que cuando una persona hace algo contra nosotros, debemos ir a ella solos:

> Si tu hermano peca contra ti, ve y repréndele estando tú y él solos.
>
> Mateo 18:15

Si debemos hacer esto con algún hermano en la fe al que vemos dos o tres veces a la semana en la iglesia, ¡cuánto más deberíamos hacerlo con nuestro cónyuge!

Eviten los menosprecios físicos acerca de su cónyuge

No hay cosa que degrade más a una persona que burlarse de ella delante de los demás. Cuando el esposo habla de su mujer en forma negativa, la autoestima de ella «cae al piso». También muchas veces el hombre suele resentirse cuando su mujer compite con él en cuanto a la apariencia física y lo menosprecia con sus palabras. En realidad, esto es muy destructivo para la unidad mutua del matrimonio.

Si la persona que más amamos en el mundo nos degrada en público, ¿qué podemos esperar de los demás? Si menospreciamos físicamente a la persona con la cual juramos vivir hasta la muerte, ¿no estamos faltando a nuestra palabra? La Biblia enseña que la mujer es un vaso frágil y que debe tratarse con delicadeza tanto de manera física como emocional:

> Vosotros, maridos, igualmente, vivid con ellas
> sabiamente, dando honor a la mujer como a vaso
> más frágil.
>
> 1 Pedro 3:7

La Biblia también nos enseña que la mujer, a su vez, debe respetar a su marido:

> Las casadas estén sujetas a sus propios maridos,
> como al Señor.
>
> Efesios 5:22-23

Entonces, *¿qué significa que la mujer es vaso frágil?* Significa que es suave, femenina, delicada y atractiva para su esposo. Si su esposo la ridiculiza en público, el vaso frágil se rompe y no puede existir verdadera unidad mutua.

Si su esposo la ridiculiza en público, el vaso frágil se rompe y no puede existir verdadera unidad mutua.

En cuanto al hombre, *¿qué significa que el esposo sea cabeza del hogar y jefe de familia?* Significa que es fuerte, viril, protector, defensor y amante de su propia esposa. Si ella lo humilla en público, será un ser acomplejado y deprimido en su interior.

Nunca compares a tu esposa con una vedette ni a tu esposo con un galán de telenovelas. El diablo usa estas comparaciones para que menospreciemos a nuestro cónyuge. Tomen la decisión de pensar en las cualidades físicas de su cónyuge y no reparen en sus aspectos menos agraciados. El paso del tiempo, suele dejar sus huellas en el cuerpo humano, y lo que antes era una figura esbelta y agraciada, ahora quizá no lo sea tanto. Al fin y al cabo, ¡el tiempo pasa para ambos cónyuges!

Todas nuestras miradas deben estar dirigidas solo hacia nuestro cónyuge. Cuando el esposo mira a otra mujer, o la esposa mira a otro hombre, le están abriendo la puerta al diablo para que los destruya. Cada vez vemos más casos de infidelidad a nuestro alrededor. Y en la mayoría de las ocasiones, todo comenzó con el menosprecio físico de uno de los cónyuges y con una mirada a otro hombre u otra mujer. Aunque quizá no llegaran al extremo de la infidelidad, el menosprecio habrá levantado una barrera que les impedirá disfrutar con libertad del amor y de la vida sexual.

> Cuando el esposo mira a otra mujer, o la esposa mira a otro hombre, le están abriendo la puerta al diablo para que los destruya.

Procuren respetarse los diferentes gustos que tienen ambos

Alguien dijo que «para gustos no hay nada escrito» y esto parece acrecentarse más cuando se trata de un hombre y una mujer que conviven bajo el mismo techo. Muchas veces, al hombre le encanta ver el fútbol o cualquier otro deporte, y a la mujer le gustan las películas románticas y las telenovelas. También, puede ser que al hombre le guste ir a ver algún espectáculo artístico, y a la mujer le encante pasar horas y horas en los centros comerciales y probarse decenas de prendas de vestir, para después comprar solo una o, incluso, ¡ninguna! Cuando éramos solteros, solíamos hacer lo que queríamos sin rendirle cuentas a «nadie». Cuando nos casamos, todos bien sabemos que la situación ya no es la misma.

¿Qué podemos hacer cuando los gustos de nuestro cónyuge difieren de los nuestros o, incluso, nos molestan? Recuerden los siguientes puntos:

- Tu matrimonio es una sociedad donde todo debe compartirse.
- No le impidas a tu cónyuge desarrollar sus gustos personales, mientras estos sean puros y sanos. Dale libertad de acción, pues el matrimonio no es una cárcel, sino un lugar donde los cónyuges deben vivir unidos, pero en libertad.
- Participa de los gustos de tu cónyuge. Por ejemplo: Esposo, acompaña a tu esposa al centro comercial aunque te impacientes. Mujer, siéntate al lado de tu esposo a mirar el partido de fútbol aunque te aburras. Estas cosas, que parecen insignificantes hacen sentir bien al cónyuge y colaboran a vivir en unidad mutua. Puede que tengan que empezar a hacerlo «por fe» y que, al final, terminen por gustarles o, al menos, ¡tolerarlos!

A fin de lograr un matrimonio bendecido por Dios hay que trabajar fuerte en el aspecto de la unidad. ¡Inténtenlo, vale la pena!

5. LA VALORACIÓN MUTUA

Ahora quiero volver a mencionar el ejemplo de Pablo que le daba gracias a Dios por los hermanos de Filipos:

Doy gracias a mi Dios siempre que me acuerdo de vosotros, siempre en todas mis oraciones rogando con gozo por todos vosotros, por vuestra comunión en el evangelio, desde el primer día hasta ahora; estando persuadido de esto, que el que comenzó en vosotros la buena obra, la perfeccionará hasta el día de Jesucristo.

Filipenses 1:3-6

Es evidente que los filipenses eran imperfectos. De lo contrario, Pablo no hubiera dicho que el Señor iba a perfeccionar la obra que había comenzado en ellos. Además, en este caso, tampoco estamos errados si aplicamos estas palabras a nuestro cónyuge. Así que me pregunto: ¿Qué valor le estoy dando a mi cónyuge? ¿Considero valiosa su compañía? ¿Es una bendición para mí o a veces considero que me resulta una carga «muy pesada»? ¡Qué triste es ver que algunos se acuerdan de valorar a su cónyuge después de muertos! Entonces, la esposa dice: «¡Qué bueno era el viejo!». El esposo tampoco se queda atrás cuando llega a esta conclusión: «¡Al final, me parece que la voy a extrañar!». Alguien dijo una vez: «Tienes que morirte para que te valoren». Es triste aceptar que muchas veces esto es cierto. Espero que esta no sea su historia.

Este es el momento en el que debemos decirle a nuestro cónyuge que lo valoramos.

Este es el momento en el que debemos decirle a nuestro cónyuge que lo valoramos. En vez de quejarnos todo el tiempo por sus errores o defectos, démosle gracias a Dios por el privilegio de tenerle aún con vida y porque también soporta nuestros errores y defectos. La valoración de nuestro cónyuge no significa que cerremos los ojos a sus fallas y errores, ¡sino que lo valoremos con sus fallas y errores!

Te invito a que tomes lápiz y papel y medites ante el Señor en las cosas positivas que valoras de tu cónyuge. Por un instante, no tomes en cuenta las cosas que te irritan y molestan. Luego, con ese papel en mano, eleva una oración al Señor y dile:

Señor:
Gracias por las cualidades positivas que veo en mi cónyuge. Te doy gracias por su vida. Así que ayúdame a valorarle cada día. En el nombre de Jesús, amén.

Después de hacer esta oración sencilla, aunque profunda, de seguro que será una gran alegría para tu cónyuge escucharte decir: «Mi amor, te valoro por lo que eres».

6. LA COMPRENSIÓN MUTUA

El Diccionario de la Lengua Española define la palabra «comprensión» de esta manera: «Acción de comprender. Facultad, capacidad o perspicacia para entender y penetrar las cosas»[3]. Luego, tenemos la palabra «comprender» que significa «abrazar, ceñir, rodear por todas partes algo. [...] Entender, alcanzar, penetrar. Encontrar justificados o naturales los actos o sentimientos de otro»[4]. Si prestamos atención a estas definiciones, podemos sentir la sensación de bienestar que origina la *acción de comprender* o la *comprensión* en nuestra vida. ¡Qué significativo es que el diccionario defina la palabra *comprender* como «abrazar, rodear por todas partes»! ¡Con razón nos sentimos tan bien cuando nos comprenden!

La manifestación de la comprensión

Piensa en esas situaciones que has vivido donde no te comprendieron como esperabas. Sin duda, te habrás sentido triste y desolado. Por eso el eslabón de la comprensión es imprescindible en la vida de toda pareja que quiere ser feliz en su relación matrimonial.

A continuación, detallaré algunas esferas donde debemos ejercer comprensión:

> Muchas veces nuestra reacción inicial es asumir una actitud de «infalibilidad» ante cualquier error que cometa nuestro cónyuge.

En los errores de nuestro cónyuge

Muchas veces nuestra reacción inicial es asumir una actitud de «infalibilidad» ante cualquier error que cometa nuestro cónyuge. Entonces, le hablamos con cara de juez acusador. Por ejemplo: «¡¿Cómo hiciste eso?!», le dice el esposo a su mujer. «¡¿Por qué rompiste mi jarrón chino?!», le dice la mujer a su esposo. Por cierto, esto también puede suceder en la relación con los hijos. ¡Cuán fácil es caer en la intolerancia!

En el Evangelio de Juan encontramos un pasaje que nos dará más luz para entender lo que estamos tratando:

> Entonces los escribas y los fariseos le trajeron una mujer sorprendida en adulterio; y poniéndola en medio, le dijeron: Maestro, esta mujer ha sido sorprendida en el acto mismo de adulterio. Y en la ley nos mandó Moisés apedrear a tales mujeres. Tú, pues, ¿qué dices? Mas esto decían tentándole, para poder acusarle. Pero Jesús, inclinado hacia el suelo, escribía en tierra con el dedo. Y como insistieran en preguntarle, se enderezó y les dijo: *El que de vosotros esté sin pecado sea el primero en arrojar la piedra contra ella.* E inclinándose de nuevo hacia el suelo, siguió escribiendo en tierra. Pero ellos, al oír esto, acusados por su conciencia, salían uno a uno, comenzando desde los más viejos hasta los postreros; y quedó solo Jesús, y la mujer que estaba en medio. Enderezándose Jesús, y no viendo

a nadie sino a la mujer, le dijo: Mujer, ¿dónde están los que te acusaban? ¿Ninguno te condenó? Ella dijo: Ninguno, Señor. Entonces Jesús le dijo: Ni yo te condeno; vete, y no peques más.
Juan 8:3-11, énfasis añadido

Aquí se relata que los escribas y fariseos (los religiosos de la época) le llevaron a Jesús una mujer sorprendida en adulterio. Según la costumbre de la época, el castigo por ese pecado era la muerte por lapidación. Como vemos, esta gente insistía en obtener la respuesta de Jesús, pues querían tentarle para tener una manera de acusarle. Sin embargo, Jesús les dijo: «El que de vosotros esté sin pecado sea el primero en arrojar la piedra contra ella» (v. 7).

¿Existe alguien perfecto e infalible sobre la faz de la tierra? Desde luego, la respuesta es: ¡No!

La enseñanza que obtenemos de este episodio es la siguiente: ¿Existe alguien perfecto e infalible sobre la faz de la tierra? Desde luego, la respuesta es: ¡No!, pues «no hay justo, ni aun uno» (Romanos 3:10). En realidad, todos fallamos muchas veces. Errar es parte del proceso de aprendizaje en la vida. A menudo, a través de los errores aprendemos a caminar bien en la vida.

Si eres una persona que siempre acusa y condena a su cónyuge cuando comete algún error, en vez de perdonarte y comprenderte cuando falles, tampoco recibirás el perdón ni la comprensión de tu cónyuge. Lo que siembres, cosecharás. ¡Qué gratificante es saber que ante cualquier error o falla recibiremos comprensión de parte de nuestro cónyuge! ¿No será tiempo de dejar de acusar y condenar a nuestro cónyuge para brindarle comprensión?

En dificultades y problemas

El buen hábito de ejercer la comprensión debe manifestarse también en los momentos de dificultades y problemas. Para que eso ocurra, es necesario saber que hay hombres y mujeres de carácter más sensible que otros. Algunos son más propensos a llorar y otros se desesperan más que otros. Todas estas reacciones que se manifiestan ante los problemas y las dificultades, se deben contener mediante la comprensión mutua.

Si tú eres más resistente que tu cónyuge ante los problemas, no le recrimines su sensibilidad. Dios nos ha dado a todos un carácter diferente. Así que debemos ser comprensivos y pedirle al Espíritu Santo que nos conceda la capacidad de entender y comprender a nuestro cónyuge.

Debemos ser comprensivos y pedirle al Espíritu Santo que nos conceda la capacidad de entender y comprender a nuestro cónyuge.

En Mateo 11:28 el Señor Jesús dijo: «Venid a mi todos los que estáis trabajados y cargados, y yo os haré descansar». ¡Esto sí que es verdadera comprensión! Si le ofreces «descanso» a tu cónyuge, vendrá a refugiarse en ti a fin de buscar tu comprensión. Cuando tu cónyuge vaya a ti cansado y cargado de problemas y dificultades, toma la misma actitud de Cristo y ofrécele descanso.

7. La colaboración mutua

La palabra «colaborar» significa trabajar con otro, ayudar a los demás a realizar una tarea. En el matrimonio, ambos cónyuges tienen el privilegio de participar juntos en la tarea de colaborar. A menudo, este aspecto de la vida matrimonial no se comprende muy bien y pocas veces se practica.

El punto crucial de este eslabón ocurre cuando la mujer trabaja fuera de la casa. En estos casos, es difícil que la mujer pueda mantener el hogar impecable. La razón es obvia. Solo una «súper mujer» o una «mujer maravilla» podría cumplir al cien por cien las responsabilidades del hogar y del empleo. De modo que, ¿cuál debe ser la responsabilidad del marido? Veamos dos aspectos clave:

- **Comprender la situación:** A cualquier hombre le gusta tener todo servido cuando vuelve a la casa después de una jornada laboral, ¿verdad? Sin embargo, ¿qué pasa si tu esposa también trabaja fuera de la casa? Pues bien, estimado amigo, no puedes pretender que tu amada esposa haga milagros y, mucho menos, enojarte. Si tu esposa trabaja como tú, también estará tan cansada como tú, o más todavía. Así que necesitara tu colaboración más que tus reproches.

- **Colaborar en todo lo que puedas:** El marido debe estar dispuesto a colaborar con los quehaceres domésticos. Quizá me digas: «Es que yo no sé hacer nada de eso». Pues bien, piensa que muchas veces lo que vale es la intención, más que la acción. Tu predisposición aliviará, al menos, parte de la gran carga diaria de tu esposa. A lo mejor puedas encargarte de preparar la comida, ir a hacer las compras al supermercado, pasar la aspiradora o poner la ropa a lavar. Estas cosas, que no parecen tan importantes, representan mucho para la salud física, y hasta emocional, de tu esposa. En cambio, si en lugar de trabajar fuera tu esposa es solo «ama de casa» (como si eso fuera poco), no faltarán cosas en las cuales colaborar.

La vida familiar nos lleva muchas veces a tener que tomar decisiones importantes para su mejor funcionamiento.

8. EL RECONOCIMIENTO MUTUO

La vida familiar nos lleva muchas veces a tener que tomar decisiones importantes para su mejor funcionamiento. ¿Cuál de los dos se va a encargar de cada cosa? Muchas veces, esta decisión depende de cuál de los dos es más hábil para ciertas cosas o tiene las mejores ideas en el matrimonio.

En muchos matrimonios parece que hubiera una competencia entre los cónyuges que, a veces, hasta discuten acerca de quién hace mejor las cosas. Por lo tanto, esto no debe ocurrir en ninguna pareja que quiera manifestar la vida de Cristo en su matrimonio.

Esposo, ¿qué haces cuando las ideas de tu mujer son más brillantes que las tuyas? ¿Las rechazas porque crees que pueden hacerte perder autoridad sobre ella? Un hombre maduro sabe reconocer cuando su mujer tiene una idea mejor que la suya o es más hábil que él en ciertos ámbitos de la vida como, por ejemplo, las finanzas.

Esposa, ¿qué haces cuando tu esposo te presenta un plan de ahorros a seguir en el hogar? ¿Te exasperas y le dices: «¡No hay dinero que alcance!», «Es imposible ahorrar» o lo escuchas? Tal vez para ti sea imposible ahorrar, pues no eres hábil en la administración del dinero, mientras que tu esposo sí lo es.

Ninguno de los dos es superior al otro. Cada uno tiene virtudes que hay que aprender a reconocer «con humildad, estimando cada uno [al otro] como [superior a sí] mismo» (Filipenses 2:3). En todo matrimonio bendecido por Dios debe tener lugar el eslabón del reconocimiento mutuo.

 La frase «acuerdo mutuo» para algunos cónyuges es una verdadera utopía, algo imposible de lograr.

9. EL ACUERDO MUTUO

La frase «acuerdo mutuo» para algunos cónyuges es una verdadera utopía, algo imposible de lograr. Si somos sinceros, debemos reconocer que en la vida matrimonial existen los desacuerdos. ¿Quién puede levantar la mano y decir que nunca tuvo desacuerdos con su cónyuge? ¡Nadie! ¿Verdad?

Si los seres humanos siempre llegaran a un acuerdo, hace tiempo que se hubieran acabado las guerras en este mundo. Si siempre hubiera acuerdo entre los cónyuges, no existirías las peleas y las discusiones en la relación matrimonial.

El porqué de los desacuerdos

Debemos reconocer y aceptar la realidad de que nadie puede estar siempre totalmente de acuerdo con nosotros... ni siquiera nuestro cónyuge. Entonces, ¿cuál es la solución? ¿Es posible llegar a un acuerdo? ¡Claro que sí! No obstante, para esto debemos saber por qué existen los desacuerdos. Con este objetivo, analizaremos tres motivos básicos:

- *Diferente trasfondo cultural*: No es lo mismo haber nacido en el mismo país y en la misma cultura, que en países o culturas diferentes. No es lo mismo haber nacido y crecido en un medio de constante necesidad económica, que en uno de abundancia y prosperidad.
- *Diferente temperamento*: Cada uno nace con un temperamento diferente que, con el transcurso del tiempo, se puede modificar. Sin embargo, no se puede cambiar. Por lo general, se suele confundir el carácter con el temperamento. La diferencia entre ambos es que el primero se puede cambiar y es fruto de la educación del temperamento. Según Hipócrates, médico de la antigua Grecia del siglo V a. C. y considerado el «padre de la medicina», hay cuatro temperamentos: Sanguíneo, colérico, melancólico y flemático. Hay muchos buenos libros que hablan de los cuatro temperamentos y sus características diferentes que los pueden ayudar.

- **Diferentes experiencias:** Todos hemos vivido situaciones, ya sean buenas o malas, que han marcado nuestra vida para siempre. Quizá algunos tuvieran un padre golpeador y abusador y, otros, una madre sobreprotectora. Es posible que algunos hayan gozado de los privilegios de ser hijo único y, otros, hayan tenido que compartir los mismos juguetes y hasta la ropa con cinco hermanos más. Y así, podríamos seguir mencionando muchas más experiencias diferentes.

Es obvio que existan desacuerdos si pensamos en las diferencias que nos caracterizan.

Es obvio que existan desacuerdos si pensamos en las diferencias que nos caracterizan. De modo que si estabas preocupado por las peleas y las discusiones en tu matrimonio, comprende que es algo natural por completo. Sin embargo, cuando eres consciente de las diferencias antes mencionadas y que existen entre ustedes, les ayudará a llegar a un acuerdo cuando surjan los conflictos.

Ahora bien, ¿qué se debe hacer cuando surgen los conflictos y se desencadena una pelea o una discusión? Debemos revisar nuestro corazón. ¿A qué me refiero con esto? Al enojo y la ira. No hay nada que desintegre más al matrimonio que el enojo y la ira. ¿Qué dice la Biblia sobre el enojo? ¿Lo autoriza o lo repudia? Mira lo que encontramos en la carta a los efesios:

> Airaos, pero no pequéis; no se ponga el sol sobre vuestro enojo, ni deis lugar al diablo.
>
> Efesios 4:26-27

Aunque parezca extraño, la Palabra de Dios nos autoriza a que nos airemos, pero con ciertas restricciones. En primer

85

lugar, no debemos pecar. En segundo lugar, no terminar el día enojados. Es decir, que «no se ponga el sol» sobre nuestro enojo. Por último, no dar lugar a ninguna influencia del maligno en nuestro corazón.

¿Podemos encontrar la solución para nuestro enojo? ¡Por supuesto!

Pasos para la solución para el enojo

Cuando lo analizamos, vemos que existen dos motivos principales para el enojo: El egoísmo y el orgullo de corazón, y ante una injusticia. Si la causa de nuestro enojo es por el primer motivo, la Biblia lo llama pecado. Entonces, ¿podemos encontrar la solución para nuestro enojo? ¡Por supuesto! Si tienes en cuenta los siguientes pasos, de seguro que nuestro enojo tendrá solución:

- **Reconocer que guardar enojo en el corazón es un pecado:** «Quita, pues, de tu corazón el enojo» (Eclesiastés 11:10).

- **Confesarlo ante Dios y recibir la limpieza del pecado a través de la sangre de Cristo:** «Si confesamos nuestros pecados, él es fiel y justo para perdonar nuestros pecados» (1 Juan 1:9)

- **Arreglar las cuentas con nuestro cónyuge antes de irnos a dormir:** «No se ponga el sol sobre vuestro enojo» (Efesios 4:26). Hay mujeres que dicen: «Le retiré la palabra a mi esposo» También hay hombres que dicen: «Yo ni me preocupo en hablar con mi mujer». No hay nada más irritante y exasperante que tratar de entrar en razones con alguien que no quiere hablar. Si no hablamos, el enojo sigue guardado en nuestro corazón y puede llegar a echar raíces que, luego, costarán más trabajo arrancar.

10. EL PERDÓN MUTUO

Cualquiera que haya sido el origen de tus discusiones matrimoniales, hay un solo final y es el perdón:

> Por tanto, si traes tu ofrenda al altar, y allí te acuerdas de que tu hermano tiene algo contra ti, deja allí tu ofrenda delante del altar, y anda, reconcíliate primero con tu hermano, y entonces ven y presenta tu ofrenda.
>
> Mateo 5:23-24

¡Qué claras y directas son estas palabras de Jesús! No podemos darle vueltas al asunto, ni buscar culpables. Si hemos ofendido a nuestro cónyuge, debemos perdonar como Dios también nos perdonó: «Sed benignos unos con otros, misericordiosos, perdonándoos unos a otros, como Dios también os perdonó a vosotros en Cristo» (Efesios 4:32). Si nos han ofendido, debemos perdonar para ser perdonados: «Perdonad, y seréis perdonados» (Lucas 6:37).

El Señor nos ordena que seamos perdonadores.

La práctica del perdón

Entonces, el Señor nos ordena que seamos perdonadores. A continuación, daré algunos pasos importantes para practicar el perdón:

- Reconoce que cometiste una falta contra tu cónyuge.
- Pídele perdón de manera específica. No digas solamente: «Cariño, si en algo te fallé, perdóname». Tú sabes en qué le fallaste. Ten franqueza y di en concreto: «Perdóname pues te fallé en (menciona

la causa exacta de tu falta)». A continuación, recibe el perdón de su parte. Hay personas que les cuesta recibir perdón y se siguen atormentando.

- Perdona a tu cónyuge con amor. Si tu cónyuge te ofendió y te pide perdón, no le digas: «Esta bien, por esta vez te perdono». En su lugar, dile: «Sí, mi amor, te perdono». Luego, muéstrale que le ama con un abrazo o un beso. ¡Muchos dicen que lo mejor de las discusiones es la reconciliación!

11. EL AMOR MUTUO

El amor mutuo es uno de los eslabones que mantienen unido al matrimonio. Sin embargo, muchas veces escuchamos que, con el paso del tiempo, los cónyuges dicen: «Nuestro amor se desgastó». ¿Cuál es la solución, entonces? Ir a la fuente, al amor de Dios, tal y como lo expresa el apóstol Juan en su primera epístola:

> Amados, amémonos unos a otros; porque el amor es de Dios. Todo aquel que ama, es nacido de Dios, y conoce a Dios. El que no ama, no ha conocido a Dios; porque Dios es amor. En esto se mostró el amor de Dios para con nosotros, en que Dios envió a su Hijo unigénito al mundo, para que vivamos por él. En esto consiste el amor: no en que nosotros hayamos amado a Dios, sino en que él nos amó a nosotros, y envió a su Hijo en propiciación por nuestros pecados.
>
> 1 Juan 4:7-10

Ahora bien, es lamentable que haya algo que a menudo impida que el amor fluya con libertad en el matrimonio. Se trata del egoísmo. Muchos creen que lo contrario al amor es el odio. No obstante, si vamos a la Palabra de Dios, encontramos que lo contrario al amor es el egoísmo, pues «el amor no busca lo suyo»:

> El amor es sufrido, es benigno; el amor no tiene
> envidia, el amor no es jactancioso, no se envanece;
> no hace nada indebido, no busca lo suyo, no se
> irrita, no guarda rencor.
>
> 1 Corintios 13:4-5

La Biblia dice que «de tal manera amó Dios al mundo, que ha dado a su Hijo unigénito» (Juan 3:16). Aquí vemos que el principio de amar es dar. Entonces, si queremos ver bendición en nuestra vida matrimonial, debemos estar dispuestos a dar, después vendrá la recompensa. Jesucristo dijo: «Dad, y se os dará» (Lucas 6:38). Por lo tanto, si quieres que tu cónyuge sea más cariñoso, ¡dale amor! De ese modo no tardarás en recibir más amor.

 ¿Cómo se cultiva el amor? ¡Con palabras y manifestaciones de amor!

Ahora bien, ¿cómo se cultiva el amor? ¡Con palabras y manifestaciones de amor! Hay muchos que dicen que cuando el amor ya es maduro, no hacen falta las expresiones verbales ni manifestaciones físicas del amor. Sin embargo, toda persona normal necesita escuchar un «Te amo» y recibir manifestaciones de amor en forma de besos, caricias y abrazos.

Hay quienes argumentan y dicen: «Nosotros ya pasamos esa etapa, lo que importa es lo que hay en el corazón». Esta parece ser una frase muy madura, pero de bíblica tiene muy poco. La Biblia dice lo siguiente en Romanos:

> Si confesares con tu boca [hay que exteriorizarlo]
> que Jesús es el Señor, y creyeres en tu corazón que
> Dios le levantó de los muertos, serás salvo. Porque
> con el corazón se cree para justicia, pero con la boca
> se confiesa [hay que exteriorizarlo] para salvación.
>
> Romanos 10:9-10

Si no hiciera falta exteriorizar lo que hay en el corazón, Dios hubiera omitido la parte de que «con la boca se confiesa» y solo hubiera dejado la de «creyeres en tu corazón».

En cuanto a las manifestaciones físicas del amor, mucho se ha hablado del poder del «contacto físico». Se dice que un bebé que carece de contacto físico puede contraer una amplia variedad de enfermedades. El contacto físico es una necesidad básica, tanto física como emocional, del ser humano. Cuando estamos tristes, enfermos, cansados, frustrados o aterrados, el contacto físico nos llega como un bálsamo que nos sana y sosiega. Por otra parte, cuando estamos sanos, felices y plenos, el contacto físico incrementa todas esas sensaciones que tanto disfrutamos.

 Si el ser humano responde en gran medida al contacto físico, ¿por qué desperdiciar este recurso que nos hace sentir tan bien?

Si el ser humano responde en gran medida al contacto físico, ¿por qué desperdiciar este recurso que nos hace sentir tan bien? Inténtalo, tu cónyuge te lo agradecerá, ¡y tu matrimonio no será el mismo!

12. El contentamiento mutuo

Para muchos matrimonios este es, en realidad, un «eslabón perdido». Piensa en la etapa de tu noviazgo, cuando visitabas a tu novia, ¿ibas a visitarla todo desaliñado, sucio y mal vestido? ¡No! Te arreglabas lo mejor posible para estar frente a ella y conquistarla.

¿Y tú, mujer? Cuando esperabas la llegada de tu prometido, ¿cuánto tiempo antes empezaba a maquillarte y vestirte? Quizá estés diciendo: «¡Qué tiempos aquellos que nunca volverán!». Sin embargo, ¿por qué no pueden volver? ¿Acaso porque ya están casados hace varios años? No hay un motivo válido para que eso no sea así. Uno de los errores más comunes en los matrimonios es el abandono físico.

Si eres de los que piensan que lo más importante es cuidar la belleza interna, sigue leyendo. Estoy seguro de que a nadie le gusta tener a su lado alguien desarreglado y abandonado de manera física y estética. Como dijimos antes, el paso del tiempo va dejando sus huellas en nuestro cuerpo, pero eso no significa que tengamos que dejar de arreglarnos para conquistar a nuestro cónyuge. Ser espiritual no significa abandonarse en el aspecto físico y estético. Por el contrario, la belleza de Cristo en nuestro interior debe manifestarse en nuestra apariencia externa.

 La belleza de Cristo en nuestro interior debe manifestarse en nuestra apariencia externa.

Imagínate que, por un momento, estás en una exposición de cuadros de pintores famosos. Al recorrer la galería, ves una bella pintura con un marco de madera de cajón de manzanas. Sin duda, te asombrarás y dirás: «¡No puede ser! ¡Una pintura valiosa en un pobre marco de cajón de manzanas! ¡Debe haber un error!».

Es verdad, hay un error. Cuando la pintura es costosa, tiene un marco acorde al valor de dicha pintura. Lo mismo debería suceder en nuestras vidas. Tenemos en nuestro corazón la presencia de Dios (que representa la obra de arte valiosa), así que debe «exponerse» en el mejor marco que tengamos (nuestra apariencia externa).

Es lamentable que muchas veces seamos como el cuadro con el marco de madera de cajón de manzanas. Nuestra apariencia desaliñada no hace brillar la presencia valiosa de Cristo que mora en nuestro corazón. Por eso debe existir una coherencia entre lo que llevamos dentro y lo que mostramos por fuera.

La advertencia del apóstol Pedro a las mujeres era para las que, en esa época, usaban una vestimenta extravagante para llamar la atención, en lugar de vestirse con modestia y discreción:

Vuestro atavío no sea el externo de peinados ostentosos, de adornos de oro o de vestidos lujosos, sino el interno, el del corazón, en el incorruptible ornato de un espíritu afable y apacible, que es de grande estima delante de Dios.

1 Pedro 3:3-4

Aquí el problema radica en cuidar de manera desmedida nuestra apariencia externa, sin cultivar la belleza del espíritu. En cambio, creo que cualquier hombre o mujer que cuida su físico y su aspecto externo para agradar a su cónyuge glorifica a Cristo.

Creo que cualquier hombre o mujer que cuida su físico y su aspecto externo para agradar a su cónyuge glorifica a Cristo.

Para el debate grupal

1. Mencionen los tres aspectos básicos de la exclusividad mutua. ¿Qué significa la exclusividad para el esposo y la exclusividad para la mujer?
2. ¿De qué manera se manifiesta la comunicación mutua?
3. ¿Qué cosas perjudican la unidad matrimonial o dividen a la pareja?
4. ¿En qué esferas se debe ejercer la comprensión dentro del matrimonio?
5. ¿De qué modo puede el hombre colaborar con la mujer, y la mujer con el hombre dentro del matrimonio?

Notas

1. *Diccionario de la Lengua Española*, vigésima segunda edición, © Real Academia Española, 2003, © Espasa Calpe, S.A., 2003, edición electrónica, bajo la entrada «exclusivo».
2. *Ibíd.*, bajo la entrada «fidelidad».
3. *Ibíd.*, bajo la entrada «comprensión».
4. *Ibíd.*, bajo la entrada «comprender».

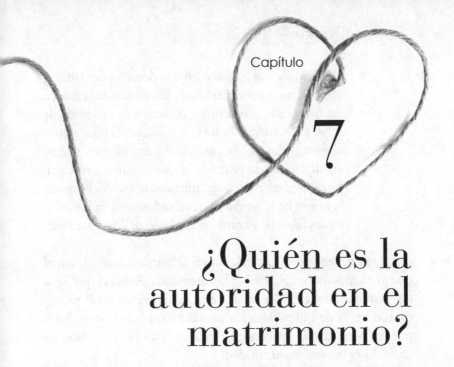

¿Quién es la autoridad en el matrimonio?

En el matrimonio, ¿quién tiene la última palabra? ¿El esposo o la esposa? En tu matrimonio, ¿quién tiene la última palabra? Hay un dicho popular que dice: «El hombre es la cabeza, la mujer es el cuello». Con esto se da a entender que la cabeza se mueve gracias al cuello. Lo cierto es que a través de los siglos el hombre no solo ha aspirado a tener la palabra de autoridad, sino de autoritarismo. Como resultado, ha doblegado a la mujer y, en muchos casos, hasta la ha humillado.

Debido a esta actitud, más tarde surgió el movimiento de liberación femenino con el propósito de obtener la igualdad de los derechos de la mujer y el hombre. La historia del feminismo puede clasificarse en tres olas:

- *La primera ola* apareció a finales del siglo XIX y principios del XX. Esta ola se centró principalmente en el logro del derecho al sufragio femenino.

- *La segunda ola* aparece en las décadas de 1960 y 1970. Esta ola se centró en la liberación de la mujer.
- *La tercera ola*, por último, comenzó en la década de 1990 y se extiende hasta la actualidad. Si bien el movimiento dio inicio con una buena intención, hoy en día se ha desvirtuado de su objetivo principal. Entonces, en el afán de independizarse del hombre, la mujer ha terminando revelándose contra los principios bíblicos y contra el designio de Dios para ella.

¿Quién tiene la última palabra en el matrimonio? ¿Acaso el que grita más fuerte? ¿Quién es la autoridad? ¿Acaso el que lleva los pantalones? La Biblia enseña que la autoridad en el matrimonio no es de quien lleva los pantalones, ni de la que aboga por sus derechos de igualdad. La Palabra final la tiene Dios. Es decir, Él es la máxima autoridad:

Yo soy el Alfa y la Omega, principio y fin, dice el Señor, el que es y que era y que ha de venir, el Todopoderoso.

Apocalipsis 1:8

Ahora bien, la Biblia habla del matrimonio y dice de manera específica lo siguiente:

Las casadas estén sujetas a sus propios maridos, como al Señor; porque el marido es cabeza de la mujer, así como Cristo es cabeza de la iglesia, la cual es su cuerpo, y él es su Salvador. Así que, como la iglesia está sujeta a Cristo, así también las casadas lo estén a sus maridos en todo.

Efesios 5:22-24

Entonces, este sería el gráfico del orden estipulado por Dios en el matrimonio y la familia:

Orden en el matrimonio y la familia

DIOS
(Máxima autoridad)

ESPOSO
(Autoridad principal)

ESPOSA

HIJOS

Dios ha establecido que cada integrante de la familia esté sujeto a una autoridad. Si el hombre como jefe del hogar y cabeza puesta por Dios no se sujeta a Él, su familia será como un barco sin timón. Si la mujer no se sujeta a su esposo, la familia se derrumbará. Luego, si le sumamos la desobediencia de los hijos a sus padres (lee Efesios 6:1), la familia terminará en una total anarquía.

 Para que una máquina pueda funcionar bien, las piezas del engranaje deben estar bien ensambladas y ubicadas.

El propósito de la sujeción

Para que una máquina pueda funcionar bien, las piezas del engranaje deben estar bien ensambladas y ubicadas. En caso contrario, la máquina no funcionará como es debido. Lo mismo ocurre en el matrimonio. Dios diseñó las piezas de esta maquinaria llamada familia. Si las piezas no están bien ensambladas y ubicadas, será un fracaso.

La sujeción del esposo

Ahora bien, vayamos por partes. ¿Por qué el esposo, jefe del hogar, debe sujetarse a Dios? Porque...

- Les brinda seguridad y respaldo a su esposa e hijos.
- Necesita una cobertura superior para enfrentar todos los asuntos de la vida con decisión y autoridad.
- Sin sumisión no hay verdadera autoridad.
- Motiva a su esposa a cumplir su papel de sujeción.
- Tiene que rendirle cuentas de sus actos y su conducta a Dios.
- De esta manera tiene asegurada la dirección para poder cumplir la voluntad del Señor revelada en su Palabra.

- Esta es, sin lugar a dudas, la perfecta voluntad de Dios.
- Abre las ventanas de los cielos para que el Señor derrame su bendición sobre el matrimonio o la familia.

La sujeción de la esposa

También la esposa debe estar sujeta. Entonces, ¿por qué la esposa, la reina del hogar, debe sujetarse a su amado esposo? Porque...

- De esta manera se sujeta a Dios.
- Glorifica y engrandece al Señor.
- Bendice a su esposo.
- Mantiene unido el matrimonio y la familia.
- Dios la diseñó para estar bajo autoridad en el hogar.
- Esta es la perfecta voluntad de Dios para la esposa.
- Abre las ventanas de los cielos para que el Señor derrame bendición hasta que sobreabunde en su matrimonio y su familia.

La decisión final

Entonces, ante los diferentes proyectos y planes a desarrollar o dilemas a resolver en la vida matrimonial y familiar, el hombre es el que tiene la decisión final. ¡Vaya responsabilidad! Sin embargo, no se justifica en absoluto que sea un caudillo ni un déspota en su función de cabeza del hogar. En su lugar, debe ejercer su liderazgo en amor:

> Maridos, amad a vuestras mujeres, así como Cristo amó a la iglesia, y se entregó a sí mismo por ella [...] Así también los maridos deben amar a sus mujeres como a sus mismos cuerpos. El que ama a su mujer, a sí mismo se ama.
>
> Efesios 5:25, 28

La mujer, por su parte, debe practicar también la sumisión y la sujeción para con su esposo a fin de esperar la bendición de Dios sobre su matrimonio:

> Las casadas estén sujetas a sus propios maridos, como al Señor; porque el marido es cabeza de la mujer, así como Cristo es cabeza de la iglesia, la cual es su cuerpo, y él es su Salvador. Así que, como la iglesia está sujeta a Cristo, así también las casadas lo estén a sus maridos en todo.
>
> Efesios 5:22-24

Cabe mencionar aquí que muchas veces el hombre, por naturaleza, no tiene capacidad de liderazgo. Por lo tanto, en estos casos, la mujer puede «motivarlo» a cumplir su función.

Tenga carácter para el liderazgo o no, el hombre debe ocupar su posición espiritual de cabeza del hogar.

En cuanto a esto, el mandato es claro y preciso. Tenga carácter para el liderazgo o no, el hombre debe ocupar su posición espiritual de cabeza del hogar. Lo mismo sucede con el mandato para la mujer que es el de sujeción al marido. Solo cuando ambos cumplen su papel, se desata la bendición de Dios sobre la vida del matrimonio y de la familia.

La rebelión o falta de sujeción

Ahora pasemos a ver lo que ocurrió en el huerto del Edén con Adán y Eva, el primer matrimonio sobre la faz de la tierra. El relato lo encontramos en el libro de Génesis:

> Y mandó Jehová Dios al hombre, diciendo: De todo árbol del huerto podrás comer; mas del árbol de

la ciencia del bien y del mal no comerás; porque el
día que de él comieres, ciertamente morirás.

Génesis 2:16-17

Dios le dio la orden específica a Adán de que no comiera
del árbol de la ciencia del bien y del mal. Así que Adán debía
obedecer a Dios y hacer que obedeciera su esposa, Eva. Observa
aquí que Dios aún no había formado a la mujer de la costilla de
Adán, pues más adelante vemos la creación de Eva:

Y de la costilla que Jehová Dios tomó del hombre,
hizo una mujer, y la trajo al hombre.

Génesis 2:22

Una vez que Dios le proveyó una compañera idónea a Adán,
ocurre un incidente muy significativo. Esto es lo que nos narra
la Biblia:

Pero la serpiente era astuta, más que todos los
animales del campo que Jehová Dios había hecho;
la cual dijo a la mujer: ¿Conque Dios os ha dicho:
No comáis de todo árbol del huerto?

Génesis 3:1

La serpiente, es decir, Satanás, no fue a hablar directamente
con Adán, sino con la mujer de Adán, Eva. Esto nos enseña que
Satanás odia la sujeción. Es rebelde y desea que todos practiquen
la rebeldía. En realidad, la serpiente debió haber ido a hablar
con la cabeza de Eva, no con ella. Eva, por su parte, no actuó
como era debido, pues en vez de consultarle a su esposo lo que
debía hacer, decidió por su cuenta y le respondió a la serpiente:

Y la mujer respondió a la serpiente: Del fruto de
los árboles del huerto podemos comer.

Génesis 3:2

Ya en el versículo 4, la serpiente le responde a Eva: «Entonces la serpiente dijo a la mujer: No moriréis». ¡Aquí comienza la tragedia! Satanás logró sacar a la mujer de su papel de sujeción y la llevó a usurpar la función que le correspondía a su esposo. Mira lo que nos dice el versículo 6: «Y vio la mujer que el árbol era bueno para comer, y que era agradable a los ojos, y árbol codiciable para alcanzar la sabiduría».

Cuando de manera consciente una mujer no se sujeta a su marido, cae en la trampa de la rebeldía y le da lugar al diablo para que destruya su matrimonio.

Cuando de manera consciente una mujer no se sujeta a su marido, cae en la trampa de la rebeldía y le da lugar al diablo para que destruya su matrimonio. Mujer, no importa cómo venga pintado el «regalito» que te ofrece Satanás, obedece la voz de Dios de sujetarte a tu marido. El versículo 6 sigue diciendo lo que hizo Eva: «Y tomó de su fruto, y comió; y dio también a su marido, el cual comió así como ella».

Adán no solo se olvidó de ejercer su responsabilidad como cabeza, sino que también cedió y comió del fruto. Es como si le hubiera dicho a su esposa: «Mi amor, te felicito por lo que hiciste». De modo que aceptó el proceder de su esposa. La prueba está en el hecho de que comió del fruto del árbol. La desobediencia trajo sus consecuencias: Los invadió un sentimiento de culpa y vergüenza:

> Entonces fueron abiertos los ojos de ambos, y conocieron que estaban desnudos [...] Y oyeron la voz de Jehová Dios que se paseaba en el huerto, al aire del día; y el hombre y su mujer se escondieron de la presencia de Jehová Dios entre los árboles del huerto.
>
> Génesis 3:7-8

Ante lo inevitable debido a la desobediencia y la rebeldía, sucedió algo que vemos muy a menudo en nuestras vidas: Culpamos a los demás por nuestros errores. Eso fue lo mismo que sucedió cuando Dios descubrió la desobediencia de Adán y Eva y les preguntó qué había pasado. Como no tenían excusas, le respondieron con evasivas, al igual que hacemos muchos de nosotros. En vez de reconocer su pecado, lo ocultaron y se echaron la culpa el uno a otro:

> Y el hombre respondió: La mujer que me diste por compañera me dio del árbol, y yo comí. Entonces Jehová Dios dijo a la mujer: ¿Qué es lo que has hecho? Y dijo la mujer: La serpiente me engañó, y comí.
>
> Génesis 3:12-13

Si Adán hubiera cumplido bien su papel de cabeza del hogar, es muy probable que todo hubiera sido diferente.

Ahora, veamos cada uno de los personajes y su comportamiento en el momento que Dios descubre su pecado:

- **Adán**: Nota que Adán le dice a Jehová: «La mujer que me diste» (v. 12), como si la falla estuviera en Dios por haberle provisto una mujer rebelde. Así ocurre con nosotros cuando tenemos un problema de este tipo. Por eso decimos: «Señor, la mujer que me diste... pensé que era diferente». Ante eso, Dios nos mira y nos responde: «Hijo mío, asume la responsabilidad por tu culpa y cumple tu función de cabeza sobre tu esposa. De esa manera, verás que ella será la mujer que tanto me pediste en tus oraciones». Si Adán hubiera cumplido bien su papel de cabeza del hogar, es muy probable que todo hubiera sido diferente.

- **Eva:** Ahora le toca el turno a Eva. Ante la pregunta del Señor, le responde: «La serpiente me engañó, y comí» (v. 13). ¡Cuántas veces le echamos la culpa al diablo, en vez de confesar nuestra carnalidad y renunciar a nuestro «yo»! Eva debió haber confesado: «Todo ocurrió porque yo no me sujeté a mi esposo. Hice lo que se me dio la gana, sin importarme la autoridad de mi esposo».

- **La serpiente:** El tercer personaje de esta escena, la serpiente antigua, es Satanás. En realidad, fue el único que no pudo echarle la culpa a nadie, pues era el causante de la caída del ser humano.

¿Cuál fue el motivo de la caída de Adán y Eva? ¡La desobediencia a Dios!

¿Cuál fue el motivo de la caída de Adán y Eva? ¡La desobediencia a Dios! La enseñanza que extraemos de este párrafo de las Escrituras con relación a los papeles del esposo y la esposa en el matrimonio es que el problema entre Adán y Eva surgió cuando Eva desobedeció a Adán, su esposo. Como resultado, todo se echó a perder y se canceló el plan de bendición sobre sus vidas. Esta historia no es nueva. Se ha repetido miles de veces en hogares que solo han cosechado problemas, aflicciones y ausencia de bendiciones.

Un entendido del Antiguo Testamento dice lo siguiente: «Dado que el hombre cayó en pecado y tiene una naturaleza caída, es propenso a abusar de su autoridad sobre la mujer. Por eso es que Dios le dijo a la mujer: "Y tu deseo será para tu marido, y él se enseñoreara de ti" (Génesis 3:16). Motivo suficiente para vivir en aflicción [sin la bendición de Dios] por el resto de su vida».

Sería bueno que aprendamos de los errores de Adán y Eva para que no se cancele el plan de bendición de Dios para nuestra vida matrimonial y familiar.

Para el debate grupal

1. ¿Qué significa que Dios es la máxima autoridad en el matrimonio? Den dos o tres ejemplos de la vida cotidiana.
2. ¿Cuál es el orden de Dios para la familia?
3. ¿Qué trajo como resultado el movimiento de liberación femenina? ¿Qué piensan al respecto?
4. ¿Qué diferencia hay entre ejercer autoridad y abusar de la autoridad?
5. ¿Qué significa la «sumisión» para la mujer? Den ejemplos de la vida diaria dentro del matrimonio.

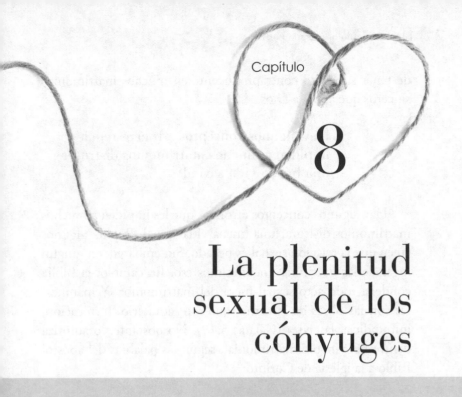

Capítulo

8

La plenitud sexual de los cónyuges

Quizá el tema más olvidado y el que menos se enseña dentro de la iglesia sea el de la vida sexual en el matrimonio. Por años ha cundido el silencio acerca de este tema dentro del pueblo de Dios. Por consiguiente, esto ha impedido que los matrimonios conozcan en verdad los conceptos bíblicos de la vida sexual. Además, ha dejado la puerta abierta para que los conceptos pervertidos de la sociedad sin Cristo sean el mejor patrón de conducta sexual a seguir. La vida sexual es una parte importante de la pareja que anhela la bendición de Dios en su matrimonio.

Hay quienes piensan que la relación sexual es pecado y que la práctica de la vida sexual con su cónyuge lo hace menos espiritual. ¿Hay algo de cierto en estas palabras, o son pensamientos erróneos y contrarios a la Biblia? Basados en la Palabra de Dios, vamos a descorrer el velo, que si bien es imaginario, no deja de tener su efecto contraproducente en muchos matrimonios sinceros que aman a Dios.

> Hay algunos conceptos erróneos que les impiden a muchos matrimonios disfrutar una buena vida sexual.

Hay algunos conceptos erróneos que les impiden a muchos matrimonios disfrutar una buena vida sexual. Repito, algunos creen que la relación sexual es pecado. Sin embargo, en ningún lugar de las Escrituras encontramos eso. En cambio, la Biblia condena todo acto sexual fuera del matrimonio: «Y manifiestas son las obras de la carne, que son: adulterio, fornicación, inmundicia, lascivia» (Gálatas 5:19). No obstante, lo autoriza dentro del vínculo matrimonial, según las palabras del apóstol Pablo a la iglesia de Corinto:

> Cada uno tenga su propia mujer, y cada una tenga su propio marido. El marido cumpla con la mujer el deber conyugal, y asimismo la mujer con el marido. La mujer no tiene potestad sobre su propio cuerpo, sino el marido; ni tampoco tiene el marido potestad sobre su propio cuerpo, sino la mujer. No os neguéis el uno al otro, a no ser por algún tiempo de mutuo consentimiento, para ocuparos sosegadamente en la oración; y volved a juntaros en uno, para que no os tiente Satanás a causa de vuestra incontinencia.
>
> 1 Corintios 7:2-5

La frase «deber conyugal», dirigida tanto al esposo como a la esposa, significa: satisfacerse sexualmente. Así como la mujer no tiene autoridad sobre su cuerpo, el hombre tampoco puede negarlo a su amada esposa. Dios respalda y bendice a todo matrimonio que disfruta de las relaciones sexuales en el marco de la pureza y la santidad.

El negarse uno al otro es un pecado. La Biblia dice: «No os neguéis» (v. 5). Si leemos con detenimiento el pasaje, nos damos cuenta de que el apóstol Pablo imparte una orden. Aunque lo dice en el marco de un consejo personal a la iglesia de Corinto: «No os neguéis el uno al otro, a no ser por algún tiempo de mutuo consentimiento» (v. 6).

De todo esto entendemos «primero esto, que ninguna profecía de la Escritura es de interpretación privada, porque nunca la profecía fue traída por voluntad humana, sino que los santos hombres de Dios hablaron siendo inspirados por el Espíritu Santo» (2 Pedro 1:20-21). Además, también entendemos que las palabras «reveladas son para nosotros y para nuestros hijos para siempre, para que cumplamos todas las palabras de esta ley» (Deuteronomio 29:29). ¿Acaso puede el Espíritu Santo negar el sentir de la Palabra de Dios? ¡Imposible! Por eso es necesario que reflexionemos lo que nos dice la Palabra de Dios.

Muchos creyentes, bien intencionados pero equivocados, creen que tener relaciones sexuales en el matrimonio es algo que afecta el crecimiento espiritual.

Muchos creyentes, bien intencionados pero equivocados, creen que tener relaciones sexuales en el matrimonio es algo que afecta el crecimiento espiritual. Una vez, un creyente me preguntó: «¿La relación sexual es algo carnal o espiritual?». A continuación agregó: «Porque yo en ese momento no siento la presencia de Dios». Otro hermano en la fe me dijo: «Yo pensaba que cuando uno recibía más de la presencia del Espíritu Santo, menguaba la vida sexual». Estas expresiones, extraídas de la vida real, son solo algunas de las tantas que abundan entre los cristianos que carecen de enseñanza bíblica. Todas estas malas interpretaciones manifiestan la necesidad de hablar sobre este asunto con absoluta seriedad y sinceridad.

La relación sexual en el huerto del Edén

¿Relación sexual en el huerto del Edén? ¡Sí! De esa manera lo relata la Palabra de Dios en Génesis 2:22-25, donde leemos lo siguiente:

> Y de la costilla que Jehová Dios tomó del hombre, hizo una mujer, y la trajo al hombre. Dijo entonces Adán: Esto es ahora hueso de mis huesos y carne de mi carne; ésta será llamada Varona, porque del varón fue tomada. Por tanto, dejará el hombre a su padre y a su madre, y se unirá a su mujer, y serán una sola carne. Y estaban ambos desnudos, Adán y su mujer, y no se avergonzaban.

Cuando Dios hizo a la mujer del costado de Adán, les dio una orden que se repite miles de años después en el Nuevo Testamento (lee Mateo 19:5; Marcos 10:7-8; Efesios 5:31):

> Por tanto, dejará el hombre a su padre y a su madre, y se unirá a su mujer, y serán una sola carne.
>
> Génesis 2:24

Por supuesto, la palabra «unirá» va mucho más allá de la unión sexual. Sin embargo, nadie podría decir que no esté incluida. En Génesis 2:25 se menciona que «estaban ambos desnudos [...] y no se avergonzaban». Presentarse el uno al otro desnudo no daba lugar alguno a la vergüenza. ¿Por qué? Porque tenían la autorización de Dios para disfrutar de toda la vida sexual. Esta misma autorización sigue vigente hoy para todos los matrimonios.

 Adán y Eva tenían la autorización de Dios para disfrutar de toda la vida sexual.

Continuando con el primer matrimonio de la humanidad, en Génesis 4:1-2 leemos que tuvieron hijos. La expresión «conoció Adán a su mujer Eva» (v. 1) habla con claridad de que practicaban la vida sexual.

Una vez, una hermana en la fe nos dijo que no creía que el Señor estuviera presente cuando tenía relaciones sexuales con su esposo. Veamos lo que dice la Biblia respecto de la primera pareja del universo:

1. Cuando Adán y Eva se unieron sexualmente, vivían dentro del huerto del Edén.

2. «Dios [...] se paseaba en el huerto» (Génesis 3:8). Si Dios se paseaba en el huerto, veía todo lo que hacían Adán y Eva. ¿Acaso Dios se iba del Edén cuando la pareja tenía relaciones sexuales? ¡Seguro que no! Podríamos decir que el Edén era el *cielo en la tierra*. Dios estaba presente aun cuando ellos mantenían relaciones sexuales. Él es el creador de la relación sexual. Entonces, como tal, todo hombre y toda mujer que disfrutan de la relación sexual en un marco de santidad dentro del matrimonio glorifican a Dios.

3. El pecado no fue consecuencia de la relación sexual. Muchos dicen que el pecado de Adán y Eva fue tener relaciones sexuales. Incluso, algunos hablan de la *manzana prohibida* al referirse a la relación sexual. En cambio, la Biblia enseña que el pecado fue consecuencia de la desobediencia a Dios (Génesis 3). Esto no tiene nada que ver con la relación sexual. Estar desnudo delante de tu cónyuge no significa

falta de espiritualidad, sino algo del todo natural y lógico de la intimidad sexual.

 La Biblia menciona que Adán y Eva estaban desnudos y no se avergonzaban en absoluto.

En cierta ocasión, durante una sesión de consejería pastoral, una mujer nos comentaba a mi esposa y a mí lo siguiente: «Mi mamá siempre me contaba con orgullo que mi padre nunca la había visto desnuda por completo». Esta actitud parece muy espiritual, pero no lo es en realidad. La Biblia menciona que Adán y Eva estaban desnudos y no se avergonzaban en absoluto. Además, Dios estaba en medio de ellos. También la Palabra de Dios nos dice:

> No os neguéis el uno al otro, a no ser por algún tiempo de mutuo consentimiento, para ocuparos sosegadamente en la oración; y volved a juntaros en uno, para que no os tiente Satanás a causa de vuestra incontinencia.
> 1 Corintios 7:5

Como vemos, la Palabra de Dios acepta la abstinencia sexual en el matrimonio solo debido a los siguientes motivos: Por mutuo acuerdo entre los cónyuges, por algún tiempo determinado o para ocuparse de algún asunto espiritual como la oración.

Algunas mujeres usan como excusa el versículo de 1 Tesalonicenses 5:17 que dice: «Orad sin cesar», a fin de negarse siempre a tener relaciones sexuales con su esposo. Nota que el pasaje a los corintios dice «por algún tiempo» (v. 5), no *por todo el tiempo*. Ese mismo versículo continúa diciendo: «Volved a juntaros en uno». En nuestras palabras sería: «Vuelvan a tener relaciones regulares como un matrimonio normal». De lo contrario, puede ocurrir lo que sigue: «Para que no os tiente Satanás a causa de vuestra incontinencia».

El enemigo del matrimonio, puede hacer estragos en la vida matrimonial al incitar a los cónyuges a buscar afuera lo que deberían tener dentro.

Satanás, el enemigo del matrimonio, puede hacer estragos en la vida matrimonial al incitar a los cónyuges a buscar afuera lo que deberían tener dentro. ¿El motivo? Una abstinencia sexual exagerada, en vez de disfrutar de una satisfacción constante entre los cónyuges. El negarse uno al otro es un mal que data de los tiempos bíblicos, de allí la advertencia dada a los creyentes de Corinto.

Hay mujeres que tratan a sus esposos como si fuesen niñitos. Si hacen lo que a ellas les gusta, «hay recompensa», refiriéndose a las relaciones sexuales. Quizá no lo digan con palabras, pero lo demuestran con su actitud. Creen que en el esposo está el ganarse o perderse el «premio». Esta actitud mal intencionada puede causar verdaderos estragos en la vida sexual de los cónyuges. ¿Por qué? Porque le da lugar al enemigo mediante una abstinencia sexual prolongada y exagerada entre los cónyuges.

Toda esposa debe saber que Dios le ha dado la capacidad de satisfacer sexualmente a su marido. Entonces, ¿cuál debe ser la actitud de una esposa que desea agradar y bendecir al Señor? Brindarse a su propio marido, aun cuando ella no tenga deseos. El que ama siempre da. Es más, «el amor no busca lo suyo», así lo dice 1 Corintios 13:5. Por lo tanto, el cónyuge cristiano siempre debe buscar primero la satisfacción del otro, después la suya propia.

El cónyuge cristiano siempre debe buscar primero la satisfacción del otro, después la suya propia.

Del mismo modo, hay muchos maridos que lo único que buscan es su propia satisfacción sexual sin ocuparse de satisfacer a su esposa. Cierto día, estaba conversando con un conocido predicador del evangelio que me dijo: «Si en la relación sexual no quedan satisfechos los dos cónyuges, no hay una verdadera unión sexual. La clave para la satisfacción mutua es dar primero». Esa es la manera de gozar de una verdadera vida sexual con nuestro cónyuge.

En Eclesiastés 9:9 encontramos lo siguiente: «Goza de la vida con la mujer que amas». Aquí no dice «goza de la mujer que amas», sino «goza con la mujer que amas». Esto significa que se debe gozar junto con ella. Por consiguiente, debemos vivir y gozar con intensidad toda la vida matrimonial, incluso la vida sexual.

La mujer objeto

Esta expresión lo han acuñado las esposas que se sienten usadas por sus propios maridos. Estas mujeres notan que durante el día sus esposos son fríos y distantes con ellas, pero que en la noche son brasas ardientes en el dormitorio. Cuando esto ocurre en un matrimonio, lo más probable es que solo uno de los cónyuges disfrute de la vida sexual (por lo general, el esposo). En cambio, la otra persona (casi siempre la mujer) experimenta un alto grado de frustración y resentimiento, pues siente que su cónyuge le trata como «una cosa» y no como un ser humano que «siente» y tiene sus propias necesidades. De modo que la responsabilidad del marido es satisfacer primero a su amada esposa.

Las demostraciones de amor no solo deben verse dentro del dormitorio, sino también fuera de este.

Las demostraciones de amor no solo deben verse dentro del dormitorio, sino también fuera de este. Parece como si de día se repudiara a la esposa, pero que de noche la codiciara su esposo. El problema es que el esposo es una llama ardiente solo cuando «tiene ganas», pero el resto del día es un témpano de hielo.

Toda mujer normal necesita y desea demostraciones constantes de amor y cariño de parte de su esposo.

Hace un tiempo leí la propaganda de un libro cristiano donde el énfasis estaba en que la vida sexual comienza antes de entrar al dormitorio. ¡Qué gran verdad! Cualquiera es ferviente en el lecho matrimonial, ¿pero cómo somos fuera del mismo?

A lo largo de mis años de vida como creyente he tenido el privilegio de ver varios matrimonios comprometidos con el Señor que manifiestan y practican el amor en cualquier momento del día. Recuerdo muy bien la vez en que estuve de visita en el hogar de un pastor lleno del Espíritu Santo. Él, con mucha gracia divina, le manifestaba a su esposa cuánto la amaba en todo momento. Además de ayudarla en los quehaceres domésticos cuando hacía falta, a lo largo de todo el día le regalaba una palabra «dulce», un beso, un abrazo o una «palmadita». El rostro de esa mujer era de gran felicidad porque no se sentía usada por su esposo, sino valorada más allá de las puertas del dormitorio. Ella no se sentía una «mujer objeto». Asimismo, era claro y evidente que ese matrimonio no tenía ningún problema en su vida sexual. ¿Por qué? Porque en todo momento el esposo le manifestaba a su mujer que la amaba.

Esposo, te casaste con toda tu mujer, no solo con una parte de ella.

Esposo, te casaste con toda tu mujer, no solo con una parte de ella. El día de la boda, cuando estaba con ella en el altar, no te dijeron si aceptabas a tu esposa como, por ejemplo, tu amante personal. Por el contrario, te preguntaron si la aceptabas por completo como esposa. De modo que Dios espera que le brindes amor a tu esposa en todo momento y en todo lugar, no solo en el dormitorio cuando tienes deseos sexuales. ¡El mayor beneficiado serás tú!

No «espiritualices» la vida sexual

Hay cristianos que tienen la tendencia a «espiritualizar» todas las cosas, en especial la vida sexual. Sin embargo, una cosa es ser «santificados» (como dice 1 Corintios 6:11: «mas ya habéis sido lavados, ya habéis sido santificados, ya habéis sido justificados en el nombre del Señor Jesús, y por el Espíritu de nuestro Dios»), y otra muy distinta es que nosotros «espiritualicemos» todas las cosas. Cada una de las cosas que hacemos se santifica en el nombre del Señor Jesús. Por ejemplo:

- Cuando nos sentamos a la mesa a comer y damos gracias, estamos santificando los alimentos en el nombre de Jesús.
- Cuando realizamos un viaje y oramos antes de partir para la carretera, lo estamos santificando en el nombre de Jesús.
- Cuando compramos una casa y se la dedicamos al Señor, la estamos santificando en el nombre de Jesús.

Del mismo modo, nuestra vida sexual, si bien responde a un deseo de la carne, como comer o descansar, se santifica en el nombre de Jesús, según 1 Corintios 7:14:

> Porque el marido incrédulo es santificado en la mujer, y la mujer incrédula en el marido; pues de otra manera vuestros hijos serían inmundos, mientras que ahora son santos.

Una vez, hablé con una líder espiritual. Se trataba de una mujer llena de amor para con los hermanos en la fe. En esa ocasión, me comentó algo que estremeció mis fibras más íntimas. Me dijo: «Desde que estoy sirviendo a Dios, vivo en celibato con mi marido [sin tener relaciones sexuales]». ¡Qué increíble! Una persona tan llena de amor para con los de afuera, y tan vacía de amor para con su propio esposo. Esta mujer no tenía bien en claro el propósito de Dios en la vida sexual dentro del matrimonio. Sin embargo, podemos evitar semejantes errores si recordamos lo que nos dice la Palabra de Dios en Efesios 5:25 y Tito 2:4: «Maridos, amad a vuestras mujeres» y «enseñen a las mujeres jóvenes a amar a sus maridos».

Aprender a amar no es algo inmediato, sino que es un proceso.

Aprender a amar no es algo inmediato, sino que es un proceso. Todo cónyuge sabe muy bien que amar, en el sentido bíblico de la palabra, lleva tiempo. Si invertimos tiempo, tendremos fruto. Así lo dice la Palabra de Dios en Isaías 62:5: «Como el gozo del esposo con la esposa, así se gozará contigo el Dios tuyo». Cuando tenemos relaciones sexuales conforme a la Palabra de Dios, es un gozo para nosotros y para el Señor.

De vuelta al amor

Conocí el caso de una mujer casada que se entregó a Jesucristo cuando su matrimonio estaba al borde de la destrucción total. Ella decía que ya no amaba a su esposo. Sin embargo, el Espíritu Santo obró de tal manera que le devolvió todo el amor que había perdido para con su marido. Ella se maravillaba y decía que parecía estar viviendo una segunda luna de miel.

Quizá tú, mujer, estés pasando por una situación delicada en tu vida matrimonial porque por mucho tiempo te has sentido un «objeto sexual» usado por tu cónyuge. Tal vez la situación surgiera debido a una mala formación sexual desde la niñez y eso hizo de tu vida sexual un verdadero infierno, en lugar de un gozo. A lo mejor para ti las relaciones sexuales en tu matrimonio sean causa de división y separación, más que un motivo de unión como lo expresa la Palabra de Dios. Es probable que nunca te atrevieras a buscar un consejo sabio para corregir errores y perfeccionar tu vida sexual y, ahora, has perdido toda esperanza de solución. Sin embargo, esto no tiene que seguir de esa manera.

Si aceptaste a Jesucristo como tu Señor y Salvador personal, la presencia del Espíritu Santo mora en tu corazón y quiere irrumpir en tu vida matrimonial.

Si aceptaste a Jesucristo como tu Señor y Salvador personal, la presencia del Espíritu Santo mora en tu corazón y quiere irrumpir en tu vida matrimonial con amor genuino, renovado y verdadero, a fin de derribar todo egoísmo y desavenencia en tu matrimonio. Así que examina tu vida sexual ante la presencia del Señor y confiesa tus errores (lee 1 Juan 1:9) en esta esfera tan importante de la vida matrimonial. Al final, verás que Dios comenzará a hacer maravillas en tu matrimonio porque Él hace «nuevas todas las cosas» (Apocalipsis 21:5).

Para el debate grupal

1. ¿El cristiano nacido de nuevo debería considerar la relación sexual como algo espiritual?
2. ¿Qué quiere decir la Biblia cuando menciona que las relaciones sexuales en el matrimonio cristiano son un «deber conyugal»?
3. Existe un pensamiento dentro de algunos círculos cristianos que dice que para ser un cristiano lleno del Espíritu Santo

uno debe descartar o no cultivar la vida sexual. ¿Qué opinan sobre esto?

4. ¿Cuáles son algunos de los propósitos de tener una vida sexual sana dentro del matrimonio?

5. ¿Consideran que el asunto de la relación sexual sigue siendo un tema «tabú» dentro del ámbito cristiano? ¿Qué ideas podrían aportar al respecto?

La falsa idea a través de los siglos

uando leemos la Palabra de Dios en el libro de Génesis, vemos que cuando el Señor terminó la creación de los cielos y la tierra «vio Dios que era bueno» (1:10, 12, 18, 21, 25). Sin embargo, es interesante notar que cuando terminó de crear al ser humano, dijo «que era bueno en gran manera» (1:31). La razón de esta diferencia es que el ser humano fue la corona de la creación. A pesar de que creó los cielos y la tierra sin la presencia del hombre (el género humano), la obra de Dios en la creación no hubiera sido perfecta.

Dios diseñó un plan insuperable para con el ser humano, a fin de que tuviera comunión con Él y lo representara en la Tierra a su imagen y semejanza. Fue tan importante para Dios la creación del hombre y la mujer, que en el primer capítulo de Génesis se da una idea general de la creación. En cambio, en el segundo capítulo de Génesis se toma un tiempo específico para explicar, en detalles, la creación de Adán y Eva. He aquí cómo lo narra el libro de Génesis:

> Entonces dijo Dios: Hagamos al hombre a nuestra imagen, conforme a nuestra semejanza; y señoree en los peces del mar, en las aves de los cielos, en las bestias, en toda la tierra, y en todo animal que se arrastra sobre la tierra. Y creó Dios al hombre a su imagen, a imagen de Dios lo creó; varón y hembra los creó. Y los bendijo Dios, y les dijo: Fructificad y multiplicaos; llenad la tierra, y sojuzgadla, y señoread en los peces del mar, en las aves de los cielos, y en todas las bestias que se mueven sobre la tierra.
>
> Génesis 1:26-28

En este pasaje vemos que la idea de Dios era que el ser humano reflejara su imagen y semejanza. Por eso es que después aparece en escena el diablo a fin de deformar la imagen de Dios en el ser humano. Una vez que Dios creó a Adán y Eva, el propósito de Dios era unirlos en lo que fuera el primer matrimonio de la humanidad. De ese modo empezarían a poblar la tierra con su descendencia.

Desde el mismo comienzo de la humanidad quedó establecido *el principio del matrimonio entre un hombre y una mujer.*

El matrimonio establecido por Dios

Desde el mismo comienzo de la humanidad quedó establecido *el principio del matrimonio entre un hombre y una mujer.* ¿Por qué aclaro que se trata del matrimonio entre un hombre y una mujer? Porque el diablo se ha encargado de pervertir el plan original de Dios de una familia conformada por un hombre y una mujer que se unen en matrimonio para poder procrear y tener hijos. Incluso, ha engañado al ser humano con la idea de tener la opción de formar una familia con otra persona del mismo sexo (dos hombres homosexuales o dos mujeres lesbianas). En los Estados Unidos, y en muchos otros países, vemos que se están agregando cada vez más a la lista de esta perversión, pues han proliferado los matrimonios conformados por personas del mismo sexo. Hoy, como nunca antes, los medios de comunicación, tanto radiales como televisivos, invitan a parejas de homosexuales o lesbianas para que cuenten «lo maravilloso» de su relación. Si ves el programa, observarás allí a dos varones (al menos en su contextura externa) tomados de la mano que dicen haberse enamorado el uno del otro y que su relación es superior a la que tuvieron antes con alguna mujer. También podrás ver a dos mujeres (al menos en su contextura externa) que dicen vivir enamoradas la una de la otra. Es más, dicen que valió la pena haber dejado a sus maridos para dar lugar a esta nueva aventura que catalogan como «lo mejor que les ha pasado en la vida».

¿Es en verdad un matrimonio aprobado por Dios el que se forma por dos hombres homosexuales o dos mujeres lesbianas?

Lo más increíble es que le ley está comenzando a autorizar la adopción de niños por parte de este tipo de parejas. Así que la sociedad lo apoya y aplaude como una nueva opción, al hacer referencia a este hecho con las siguientes palabras: «Los tiempos han cambiado. Ahora lo único que importa es que haya amor».

Creo que en este punto es importante formularse las siguientes preguntas: ¿Qué clase de relación es esta? ¿Es en verdad un matrimonio aprobado por Dios el que se forma por dos hombres homosexuales o dos mujeres lesbianas?

Los otros días me contaron que en un programa de televisión se estaba tratando el tema del «tercer sexo» (término que muchos usan para referirse al homosexualismo y al lesbianismo). Entonces, cuando alguien empezó a mencionar algo acerca de la Biblia, uno de los asistentes dijo en forma de burla y menosprecio: «¿Quién escribió la Biblia?». Lo interesante de todo es que lo que dicen llamar una «nueva modalidad» es tan antigua como la misma humanidad y, por supuesto, la Biblia lo menciona.

Como cristianos, nuestra regla de fe y conducta es la Biblia.

1. La Biblia como nuestro manual

Como cristianos, nuestra regla de fe y conducta es la Biblia. Es la que nos marca el estilo de vida que agrada a Dios para cada aspecto de la vida, incluso el matrimonial.

La Palabra de Dios, por cierto, no necesita defensa. Su mismo poder da prueba de su veracidad. De modo que es bien clara cuando dice que Dios creó al hombre, al ser humano, y después agrega: «Varón y hembra los creó» (Génesis 1:27). De aquí se desprende que no hay un tercer sexo en la creación de Dios. Si lo hubiera, no sería creación de Dios. Por lo tanto, si no es creación de Dios, ya sabemos de quién es la simiente. Sin duda, ¡del diablo! Aunque los que viven en la inmundicia y el pecado interpretan las Escrituras según su propia conveniencia, no podrán alterar ni anular los parámetros santos y sagrados que Dios ha puesto como ley para cumplir en la Tierra.

2. La orden de llenar la Tierra

Lo segundo a destacar es que, al bendecir al hombre y a la mujer, Dios les dijo: «Fructificad y multiplicaos; llenad la tierra» (Génesis 1:28). Aquí está hablando de engendrar hijos e hijas como fruto de su amor. La vida sexual no es solamente para el deleite personal y la unión matrimonial, sino también para la extensión del género humano. ¿Cómo extenderán la especie dos personas del mismo sexo? Ya tú conoces la respuesta.

Además, si Dios hubiera creado y aprobado la unión matrimonial homosexual o lesbiana, no le hubiera dado a Adán una mujer, sino otro varón. Génesis lo dice de esta manera:

> Y dijo Jehová Dios: No es bueno que el hombre esté solo; le haré ayuda idónea para él.
>
> Génesis 2:18

Con este versículo resalta la idea del hombre (él), y de la mujer (ella, como ayuda idónea). En los días que vivimos, los valores relativos e inmorales pretenden suplantar los valores absolutos y morales estipulados por Dios. Esto llega a tal grado, que quisiéramos que Dios mismo pusiera un límite a toda esta situación y que su gloria resaltara sobre esta inmundicia. En cambio, como dicen las Escrituras, «donde abundó el pecado, sobreabundó la gracia» (Romanos 5:20, nvi).

En los días que vivimos, los valores relativos e inmorales pretenden suplantar los valores absolutos y morales estipulados por Dios.

3. Nuestra responsabilidad

El pueblo cristiano tiene la responsabilidad de mostrarle al mundo el poder y la autoridad de Dios. Sin embargo, es lamentable ver que hay algunos sectores de lo que hoy conocemos como «iglesia cristiana» que aprueban para el ministerio a personas con una tendencia notable hacia el homosexualismo o el lesbianismo, Lo que es peor, incluso aprueban el matrimonio entre homosexuales y lesbianas. Cuando vemos la manera en la que el diablo se ha encargado de divulgar y mostrar ante los ojos del mundo que el «tercer sexo» es una opción y que la iglesia «necesita modernizarse», nos damos cuenta de que en algunos sectores hasta la misma iglesia ha cedido terreno y perdido autoridad. Esto se debe a que se niega a vivir y proclamar lo que Dios dice al respecto: que la formación de matrimonios compuestos por homosexuales o lesbianas es *pecado* e inmoralidad a los ojos de Dios.

Gracias al Señor, la Iglesia verdadera no es una institución que necesite organizarse para funcionar, sino el Cuerpo de Cristo en la Tierra.

Gracias al Señor, la Iglesia verdadera no es una institución que necesite organizarse para funcionar, sino el Cuerpo de Cristo en la Tierra, cuya cabeza espiritual es el propio Jesucristo. Esta es la verdadera Iglesia, la que está compuesta por personas que antes vivían en la inmundicia y el pecado, lejos de Dios, pero que cuando escucharon el mensaje de salvación de Cristo, reconocieron su pecado, se arrepintieron y cambiaron con el poder del Espíritu Santo.

Lo que enseña la Biblia sobre las perversiones morales

La autoridad de la Palabra de Dios es contundente. He aquí un pasaje muy claro sobre este asunto y que habla del pecado de la humanidad:

> Porque la ira de Dios se revela desde el cielo contra toda impiedad e injusticia de los hombres que detienen con injusticia la verdad; porque lo que de Dios se conoce les es manifiesto, pues Dios se lo manifestó. Porque las cosas invisibles de él, su eterno poder y deidad, se hacen claramente visibles desde la creación del mundo, siendo entendidas

por medio de las cosas hechas, de modo que no
tienen excusa. Pues habiendo conocido a Dios, no
le glorificaron como a Dios, ni le dieron gracias,
sino que se envanecieron en sus razonamientos, y
su necio corazón fue entenebrecido. Profesando ser
sabios, se hicieron necios.

Romanos 1:18-22

¿Acaso los que promueven la formación de matrimonios y
familias homosexuales o lesbianas no están intentando detener
la verdad de Dios con sus propuestas inmorales? ¡Claro que sí!
Por eso la Biblia dice que sobre ellos se derrama la ira de Dios.
No es que Dios los esté condenando al infierno sin posibilidad
de que se arrepientan, «porque para siempre es su misericordia»
(Salmo 107:1), sino que dada su decisión de vivir lejos de Dios,
se encuentran en un verdadero infierno en esta Tierra y están
confundidos y obstinados en su estilo de vida miserable.

En este mismo capítulo de Romanos, el apóstol Pablo sigue
diciendo acerca de esta clase de personas:

Cambiaron la gloria del Dios incorruptible en
semejanza de imagen de hombre corruptible, de
aves, de cuadrúpedos y de reptiles.

Romanos 1:23

El pecado del ser humano aleja al hombre
de Dios y pervierte su deseo de adoración.

De modo que el pecado del ser humano aleja al hombre
de Dios y pervierte su deseo de adoración. En vez de adorar al
Dios vivo y poderoso, su atención se centra en la idolatría o los
objetos de adoración de distintas formas, lo cual trae verdadera
maldición sobre toda vida, familia o nación.

A continuación, encontramos las consecuencias que sufren los que le dan las espaldas a Dios:

> Por lo cual también Dios los entregó a la inmundicia, en las concupiscencias de sus corazones, de modo que deshonraron entre sí sus propios cuerpos, ya que cambiaron la verdad de Dios por la mentira, honrando y dando culto a las criaturas antes que al Creador, el cual es bendito por los siglos. Amén. Por esto Dios los entregó a pasiones vergonzosas; pues aun sus mujeres cambiaron el uso natural por el que es contra naturaleza, y de igual modo también los hombres, dejando el uso natural de la mujer, se encendieron en su lascivia unos con otros, cometiendo hechos vergonzosos hombres con hombres, y recibiendo en sí mismos la retribución debida a su extravío.
>
> Romanos 1:24-27

¡Este pasaje parece el periódico de cada día! Nos muestra que la inmundicia es tan antigua como la humanidad misma:

- «Deshonraron entre sí sus propios cuerpos» (v. 24): Con estas palabras nos aclara la condición en que se encuentra esta clase de personas.
- «Las mujeres cambiaron el uso natural [tener relaciones con un varón] por el que es contra la naturaleza [mujeres con mujeres]»: Dios diseñó a la mujer para que desarrollara su vida sexual dentro del vínculo matrimonial y con un solo varón durante toda la vida. Esto es lo natural y lo establecido por Dios para toda mujer.
- «Los hombres, dejando el uso natural de la mujer, se encendieron en su lascivia unos con otros, cometiendo hechos vergonzosos hombres con hombres»

(v. 27): Nota que el pasaje no está alabando a estas personas por lo que hacen, sino más bien se refiere a su estilo de vida como algo perverso, inmoral y vergonzoso.

- «Recibiendo en sí mismos la retribución debida a su extravío» (v. 27): Como ves, la parte final del versículo 27 dice que por haber practicado estas cosas abominables, obtuvieron la debida retribución. Entonces, ¿cuál es la retribución que reciben los que practican esta clase de vida inmoral? La Biblia dice que «la paga del pecado es muerte» (Romanos 6:23). ¿A qué clase de muerte se refiere? A la muerte que comienza aquí en la Tierra cuando una persona decide hacer lo que le parece, en vez de hacer lo que le dice Dios. Como resultado, las puertas del mal se abren de par en par para destruir al individuo. De esa manera la persona queda a expensas del maligno que solo viene para «hurtar y matar y destruir» (Juan 10:10). Siempre que el pecado no se confiesa, engendra maldición y provoca la muerte o destrucción final de la persona.

Siempre que el pecado no se confiesa, engendra maldición y provoca la muerte o destrucción final de la persona.

Piensa en lo siguiente por un instante: ¿Has escuchado noticias o leído informes y estadísticas médicas de cómo se propaga el VIH y el SIDA, afectando sobre todo a los que están inmersos en el mundo de las drogas y en toda clase de perversión sexual?

Hace poco, vi un informe donde se mostraba lo que se hacía en una ciudad fronteriza entre México y los Estados Unidos. Las mismas autoridades sanitarias del lugar proporcionaban drogas y jeringuillas desechables a miles de hombres y mujeres que viven en una condición miserable, a fin de evitar que se inyectaran de cualquier manera y se propagara más la enfermedad entre la población. ¡Hasta qué grado de miseria y destrucción ha llegado el ser humano! Sin embargo, ni el VIH ni el SIDA es un virus nuevo, mucho menos una enfermedad moderna. En su lugar, es el resultado de vivir apartados del designio de Dios para el ser humano.

Desde luego, existe algo peor que el VIH o el SIDA y es el pecado de vivir en contra de los principios estipulados por Dios para esta vida y morir en una eternidad sin Cristo. No existe mayor condenación que vivir lejos de Dios. El pecado no solo trae muerte, sino que abre la puerta a la maldición y a todo tipo de enfermedades que hieren y degradan la vida humana a su nivel más bajo.

> Existe algo peor que el VIH o el SIDA y es el pecado de vivir en contra de los principios estipulados por Dios para esta vida y morir en una eternidad sin Cristo.

Ahora, observa lo que la Biblia sigue diciendo respecto a las personas que rechazan el conocimiento de Dios y los resultados tan trágicos que reciben debido a esta decadencia:

> Y como ellos no aprobaron tener en cuenta a Dios, Dios los entregó a una mente reprobada, para hacer cosas que no convienen.
>
> Romanos 1:28

Es bueno aclarar que Dios no entrega a nadie a la maldad ni al pecado, sino que cuando Él ve a alguien que a propósito le da la espalda y rechaza la obra redentora de la cruz de Cristo, para insistir y deleitarse en sus propios caminos, se aparta y deja a la persona expuesta al plan maléfico del diablo para la humanidad: su destrucción y muerte eterna.

Lo más increíble es que muchos no se arrepienten ni se vuelven a Dios al ver que están condenados en vida, sino que su pecado interior los lleva aun más bajo:

> Habiendo entendido el juicio de Dios, que los que practican tales cosas son dignos de muerte, no sólo las hacen, sino que también se complacen con los que las practican.
>
> Romanos 1:32

Como ves, ya no solo rechazan al Señor, sino que se juntan con otros que piensan y viven de igual manera que ellos, a fin de burlarse de los preceptos de Dios y vivir en el libertinaje y la inmoralidad.

Hace un tiempo atrás, en España estaban celebrando una actividad de homosexuales y lesbianas donde el eslogan era: «Vengan a burlarse del VIH/SIDA». Esta frase revela el espíritu diabólico que hay detrás de «ese estilo de vida» que solo lleva a la muerte y la destrucción de la vida. ¡El diablo los ha cegado de tal manera que hasta se burlan sin consideración de las consecuencias!

Hoy se procura disfrazar el pecado, alegando que se trata de los derechos de igualdad. Quizá el congreso y las autoridades humanas puedan conceder derechos para practicar cualquier forma de pecado mencionado en la Biblia, pero eso no hará caducar la validez ni la vigencia de lo que dijo el Señor. La Palabra de Dios, del Creador, es ley absoluta, ¡la aceptemos o no! Si Dios ha establecido los patrones básicos para la relación saludable entre un hombre y una mujer, ¿quién es el ser humano, una criatura, para querer cambiar lo estipulado por el Creador?

 La Iglesia de Cristo tiene la responsabilidad de ser luz en un mundo que está en tinieblas.

La responsabilidad de la Iglesia

La Iglesia de Cristo tiene la responsabilidad de ser luz en un mundo que está en tinieblas, donde cada vez más reina un mayor desconcierto y caos moral. ¡Lo inconcebible de todo esto es lo que piensa la sociedad en que vivimos! La sociedad dice que el drogadicto es un «enfermo». Afirma que las prostitutas son «trabajadoras del sexo». Incluso, alega que el homosexualismo y el lesbianismo son el «tercer sexo» o la «nueva opción». Sin embargo, ¡la Biblia llama a todo esto pecado!

La sociedad sin Cristo no quiere ni puede llamar a las cosas como son. Por eso, con el fin de tratar de aliviar la condenación que sienten, rotulan los pecados de siempre con nuevos términos de modo que *parezcan* menos horrorosos. Ahora bien, el Señor nos dice en su Palabra:

> En otro tiempo erais tinieblas, mas ahora sois luz en el Señor; andad como hijos de luz [...] Y no participéis en las obras infructuosas de las tinieblas, sino más bien reprendedlas.
>
> Efesios 5:8, 11

Nuestra misión, como Cuerpo de Cristo en cada nación, es alzar la bandera de santidad de Dios y promover los principios que Él estableció en su Palabra. Si lo hacemos, nuestra nación será bendecida, porque «la justicia engrandece a la nación; mas el pecado es afrenta de las naciones» (Proverbios 14:34).

¿Estamos dispuestos a demostrarle a esta sociedad hundida en el pecado que vale la pena vivir conforme al designio divino? Si es así, nuestro matrimonio debe ser un relejo de la luz de Cristo a este mundo en tinieblas.

Nuestro matrimonio debe ser un relejo de la luz de Cristo a este mundo en tinieblas.

Para el debate grupal

1. ¿Por qué creen que hay demasiado interés en dictar leyes que aprueben el matrimonio entre personas del mismo sexo?

2. ¿Cuáles creen que serán las consecuencias de la aprobación de estas leyes sobre la humanidad?

3. Si en la Biblia vemos revelado el patrón original que Dios estableció para el matrimonio (compuesto por un hombre y una mujer), ¿de quién puede provenir la idea de alterar lo que estipuló el Señor? ¿Por qué la sociedad está confundida?

4. Lean todos juntos Romanos 1:24-32. Según este pasaje, ¿qué deja en claro la Palabra de Dios en cuanto a matrimonios del mismo sexo?

5. ¿Cuál es la responsabilidad de la Iglesia de Cristo según Efesios 5:8? ¿Cómo puede la Iglesia ser luz de Cristo para un mundo en tinieblas?

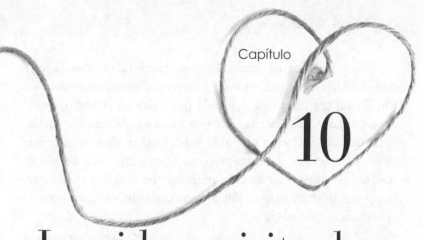

La vida espiritual en la vida matrimonial

La felicidad en el matrimonio depende, en primer lugar, de que cada cónyuge cultive su propia relación con Dios. No obstante, también es beneficioso para la pareja que los cónyuges juntos pasen tiempo con Dios.

Juntos con Dios

En un mundo con un ritmo de vida cada vez más acelerado, es imprescindible que la pareja pase un tiempo en el que juntos mediten en la Palabra y oren al Señor, o en el que solo pasen tiempo «hablando entre vosotros con salmos, con himnos y cánticos espirituales» (Efesios 5:19). Este tiempo, por cierto, no sustituye la búsqueda individual de Dios, pero que favorece en cuanto a una mayor unidad de la pareja.

Si los dos cónyuges son cristianos nacidos de nuevo, la responsabilidad de promover estos momentos especiales es del varón, la cabeza espiritual delegada por Dios en el hogar, pues debe cuidar y velar por la vida de su esposa. Aun así, no debe dejar de lado, como es obvio, la participación de la mujer. En caso de que el jefe del hogar todavía no sea cristiano, la mujer tendrá que cultivar su relación personal con el Señor y orar por la salvación de su esposo. Por lo tanto, el mismo Señor será la cobertura espiritual de la mujer.

 Todo matrimonio que desee ser bendecido por Dios debe cultivar una buena relación con el Señor.

Todo matrimonio que desee ser bendecido por Dios debe cultivar una buena relación con el Señor. ¿Por qué? Porque...

- Cuando Jesucristo es el Señor del matrimonio, son más llevaderos los problemas y las dificultades.
- Cuando Jesucristo es el Señor del matrimonio, las diferencias entre los cónyuges se superan y se resuelven.
- Cuando Jesucristo es el Señor del matrimonio, la relación conyugal se une y fortalece.
- Cuando Jesucristo es el Señor del matrimonio, los hijos crecen en medio de una atmósfera de paz, amor y unidad, decisiva para su vida futura.

Otro elemento que contribuye al desarrollo de la vida espiritual en el matrimonio es asistir fielmente a una iglesia donde se predique la Palabra de Dios sin engaños ni herejías. Debería ser un lugar en el que cada integrante de la familia reciba el alimento espiritual que le permita crecer en la vida cristiana, según las propias palabras del apóstol Pedro que nos dice:

> Desead, como niños recién nacidos, la leche espiritual no adulterada, para que por ella crezcáis para salvación.
>
> 1 Pedro 2:2

Congregarnos con fidelidad en una iglesia local específica (Hebreos 10:25) nos permite, además, relacionarnos con otras personas que creen lo mismo que nosotros y hablan el mismo «lenguaje del Espíritu». Otro de sus beneficios es poder recibir los consejos y el apoyo de parte del pastor o el líder de la congregación.

El orden de prioridades en el matrimonio y el orden divino de la creación

¿Qué prioridad le das a tu matrimonio? ¿Está al principio o al final de tu lista de prioridades? Muchos creen que el matrimonio viene después de servir en la obra del Señor. Por eso a menudo hay mujeres que abandonan a su esposo con el santo pretexto de ir a la iglesia para servir al Señor.

¿Qué prioridad le das a tu matrimonio? ¿Está al principio o al final de tu lista de prioridades?

Una vez, una cristiana nos dijo: «Cuando estoy en mi casa con mi esposo, me siento mal. En cambio, cuando voy a la iglesia, me siento de maravillas». Si bien es cierto que en la congregación de los santos el Señor derrama bendición y vida eterna y nos sentimos felices, ¿es adecuada la actitud de esta mujer? Veamos lo que nos dice la Palabra de Dios. Con tal objetivo, formularemos tres preguntas:

Primera pregunta: ¿Cuál fue la primera creación de Dios?

En Génesis 1:26 lo dice bien claro: «Hagamos al hombre [el ser humano]». Lo primero que Dios creó fue al ser humano para que tuviera amistad e intimidad con Él. El ser humano fue la corona de la creación, superior a todo lo creado. Por eso:

- Dios los bendijo: «Y los bendijo Dios» (Génesis 1:28).
- Los alimentó: «He aquí que os he dado toda planta que da semilla, que está sobre toda la tierra, y todo árbol en que hay fruto y que da semilla; os serán para comer. Y a toda bestia de la tierra, y a todas las aves de los cielos, y a todo lo que se arrastra sobre la tierra, en que hay vida, toda planta verde les será para comer» (Génesis 1:29-30).
- Los ubicó en el huerto del Edén: «Y Jehová Dios plantó un huerto en Edén, al oriente; y puso allí al hombre que había formado» (Génesis 2:8).

Entonces, si Dios creó primero al ser humano, la relación personal con Él está en el primer lugar. Además, su Palabra nos dice en San Juan 15:5: «Separados de mí nada podéis hacer». Sin la ayuda de Dios, no podemos lograr nada, mucho menos un matrimonio bendecido.

Si Dios creó primero al ser humano, la relación personal con Él está en el primer lugar.

Segunda pregunta: ¿Cuál fue la segunda creación de Dios?

El relato bíblico nos dice que Adán estaba solo. Así que necesitaba una ayuda idónea. Alguien con quien compartir su vida.

> Y dijo Jehová Dios: No es bueno que el hombre esté
> solo; le haré ayuda idónea para él [...] Entonces
> Jehová Dios hizo caer sueño profundo sobre Adán,
> y mientras éste dormía, tomó una de sus costillas,
> y cerró la carne en su lugar. Y de la costilla que
> Jehová Dios tomó del hombre, hizo una mujer, y la
> trajo al hombre. Dijo entonces Adán: Esto es ahora
> hueso de mis huesos y carne de mi carne; ésta será
> llamada Varona, porque del varón fue tomada.
>
> Génesis 2:18, 21-23

En realidad, las flores no podían llenar el hueco de la soledad de Adán, ni los animales tampoco. Hacía falta una compañera similar a él. Por eso Dios dijo en el versículo 18 que no era bueno que el hombre estuviera solo. A partir de ese momento, Adán ya no estaría solo, sino que tendría una compañera. Formaría con ella su propia familia, la primera familia sobre la faz de la tierra.

Entonces, si la familia es la segunda creación de Dios después de buscar al Señor, debemos cultivar la relación con nuestro cónyuge y nuestros hijos.

Si la familia es la segunda creación de Dios después de buscar al Señor, debemos cultivar la relación con nuestro cónyuge y nuestros hijos.

Tercera pregunta: ¿Cuál fue la tercera creación de Dios?

Una vez que Jesús ascendió a la diestra del Padre (Hechos 1:9-11), el grupo de discípulos se quedó a la espera de la promesa del Padre:

Y estando juntos, les mandó que no se fueran de
Jerusalén, sino que esperasen la promesa del Padre.

Hechos 1:4

Cuando el Espíritu Santo se derramó sobre los ciento veinte
que estaban esperando en el aposento alto, ante el asombro de
la multitud sucedió algo extraordinario:

Y de repente vino del cielo un estruendo como de
un viento recio que soplaba, el cual llenó toda la
casa donde estaban sentados.

Hechos 2:2

Pedro les explico lo que había sucedido. Luego, cuando les
dijo que «todo aquel que invocare el nombre del Señor, [sería]
salvo» (Hechos 2:21), muchos entregaron sus vidas al Señor
y «fueron bautizados; y se añadieron aquel día como tres mil
personas» (Hechos 2:41). De modo que allí nació la Iglesia, el
Cuerpo de Cristo en la Tierra.

Aquí aprendemos que la tercera creación de Dios es la Iglesia. Entonces, después de cultivar nuestra relación personal con
Dios y nuestra relación con nuestro cónyuge y nuestros hijos,
podemos participar de la Iglesia y del servicio al Señor.

Cuando descuidamos el orden de prioridades, ¡ponemos en
riesgo no solo nuestra vida, sino el matrimonio y aun la iglesia
local donde nos congregamos!

Cuando descuidamos el orden de
prioridades, ¡ponemos en riesgo no solo
nuestra vida, sino el matrimonio y aun la
iglesia local donde nos congregamos!

Una aclaración importante

Con todo esto, no quiero dar lugar a malas interpretaciones. Es
más, no estoy sugiriendo que se descuide la asistencia a la iglesia.

Es un gran privilegio y deber asistir con fidelidad a una congregación local y servir con nuestros dones, pues la Biblia nos dice: «No dejando de congregarnos, como algunos tienen por costumbre» (Hebreos 10:25). El problema está en los cónyuges que descuidan su matrimonio con la excusa de «servir a Dios».

Si la mujer deja de atender a su esposo y su hogar por asistir a la iglesia, se producirán grietas en su vida matrimonial que desestabilizarán la relación con su esposo. Y si él todavía no conoce a Cristo, será un estorbo para su conversión. Si el esposo descuida a su esposa y a sus hijos por salir a repartir folletos evangelísticos los fines de semana, estará afectando muy en serio la relación matrimonial y familiar.

Por lo tanto, asistamos a la iglesia, sirvamos al Señor, pero no descuidemos la relación matrimonial y familiar. Respetemos el orden divino: *Primero*, nuestra relación con Dios. *Segundo*, la relación con nuestro cónyuge y nuestros hijos. *Tercero*, nuestro servicio al Señor. De este modo, veremos la gloria de Dios en nuestra vida, en nuestro matrimonio y en nuestra familia.

Asistamos a la iglesia, sirvamos al Señor, pero no descuidemos la relación matrimonial y familiar.

Para el debate grupal

1. ¿Por qué es bueno que los cónyuges pasen juntos tiempo con Dios?

2. Mencionen algunas maneras prácticas de invertir tiempo con Dios en el matrimonio.

3. ¿Cuál es la relación entre el orden de prioridades y el orden divino de la creación?

4. Según el orden de la creación, ¿qué está primero, el matrimonio o la iglesia?

5. ¿Qué errores se cometen a menudo por malinterpretar el orden divino de la creación?
6. ¿Qué debe hacer una persona si su cónyuge es incrédulo? ¿De qué manera puede servir al Señor en este caso?

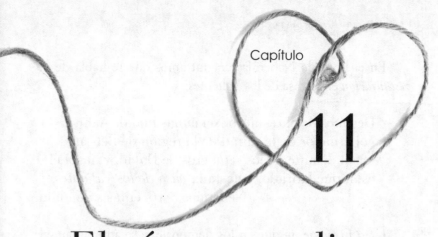

El cónyuge valiente y vencedor

En los tiempos difíciles que vivimos en este mundo, no basta con la intención de tener un matrimonio bendecido. Es necesario, además, ser un cónyuge valiente que luche por tener y conservar la bendición de Dios en su matrimonio. ¿Qué significa ser un cónyuge valiente? ¿A qué se refiere?

Un cónyuge valiente es aquel que depende del poder del Espíritu Santo, deja la pasividad espiritual y se levanta en fe para utilizar las armas espirituales en contra del destructor de la familia.

Un cónyuge valiente es aquel que depende del poder del Espíritu Santo, deja la pasividad espiritual y se levanta en fe para utilizar las armas espirituales en contra del destructor de la familia.

En el libro de Nehemías encontramos que se habla de la *restauración* en la casa de los Valientes:

> Después de él restauró Nehemías hijo de Azbuc, gobernador de la mitad de la región de Bet-sur, hasta delante de los sepulcros de David, y hasta el estanque labrado, y hasta la *casa de los Valientes*.
>
> Nehemías 3:16, énfasis añadido

Creo firmemente que en los tiempos que se aproximan, el Señor levantará hogares de guerreros espirituales que ganarán grandes batallas en el hogar con la «unción de valentía». Además, estos hogares formarán una generación de guerreros espirituales que vencerán contra las fuerzas de maldad que quieren destruir la divina institución de la familia.

Debemos saber que a nuestro hogar lo pueden destruir con facilidad si no estamos alertas en lo espiritual. Durante años, el enemigo ha tomado y destruido miles de hogares de creyentes distraídos o dormidos. Es más, la vida hogareña tiene muchos enemigos que la atacan a diario con un fin de destrucción. Las luchas espirituales que implica la vida en el hogar son inevitables y debemos enfrentarlas. Sin embargo, podemos evitar que nos derroten si actuamos con la «unción de valentía».

Muchos han pensado por error que la batalla espiritual es solo para el ámbito de la iglesia y no para el hogar. No obstante, en este tiempo, el Espíritu Santo les está abriendo los ojos de muchos a esta realidad espiritual y a la necesidad de levantarse con la autoridad de Dios para vencer sobre toda fuerza del mal que ataque a la familia.

Por lo general, cuando pensamos en la función del esposo, tenemos la idea del proveedor, de la persona que le es fiel a su esposa y de quien educa bien a sus hijos. De cualquier modo, esta es solo una faceta del esposo cristiano. Hay otra faceta del esposo cristiano que es la de valiente guerrero que lucha para mantener lejos a los enemigos del hogar.

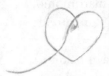

Hay otra faceta del esposo cristiano que es la de valiente guerrero que lucha para mantener lejos a los enemigos del hogar.

Ahora bien, para que el esposo pueda luchar contra el enemigo de la familia necesita recibir la «unción de valentía». ¿Qué es la unción de valentía? En capítulos anteriores hemos hablado acerca del pasaje de Isaías 10:27 donde dice que «el yugo se pudrirá a causa de la unción [del Espíritu Santo]». En cambio, en este capítulo deseo enfatizar que «no nos ha dado Dios espíritu de cobardía, sino de poder, de amor y de dominio propio» (2 Timoteo 1:7). En otras palabras, Dios nos ha dado la «unción de valentía». Esta unción es la que Él imparte para vencer la pasividad, la apatía y la cobardía espiritual. Entonces, como resultado, nos levantamos con autoridad espiritual para enfrentar a los enemigos del matrimonio y la familia, y vencerlos en el nombre de Jesús.

Los enemigos en el hogar

Existe un concepto básico en todo entrenamiento militar que dice que el primer paso para poder vencer al enemigo es *estudiarlo* y *conocerlo*. En el mundo espiritual también debemos estudiar y conocer a nuestros enemigos, a fin de que seamos capaces de vencerlos con la autoridad de Cristo.

Hay varios enemigos de la vida matrimonial y familiar que debemos enfrentar y derrotar. Entre los más comunes, se encuentran los siguientes:

1. Espíritus de divorcio, separación y ruptura del vínculo matrimonial

Aun dentro del pueblo de Dios, la ruptura matrimonial, la separación y el divorcio han causado estragos en la vida de muchos hombres y mujeres que se sienten solos e infelices.

El enemigo sabe que si logra desintegrar un matrimonio, conseguirá que dos personas vivan frustradas gran parte de sus días.

En cambio, los cónyuges investidos con la «unción de valentía» son los que no esperan a que surjan los problemas, sino que toman la delantera espiritual y batallan contra todo espíritu de ruptura matrimonial, infelicidad y divorcio.

> Los cónyuges investidos con la «unción de valentía» son los que no esperan a que surjan los problemas, sino que toman la delantera espiritual.

2. Espíritu de escasez económica, endeudamiento, pobreza y miseria

Si los cónyuges no pueden controlar las presiones económicas, estas originarán frustración, estancamiento y continuas peleas matrimoniales que lo llevarán a la separación. Tanto el esposo, como jefe del hogar, al igual que su esposa, deben presentar un frente de oposición espiritual contra todo espíritu inmundo de escasez, endeudamiento y pobreza.

3. Espíritus de enfermedades y dolencias

No hace falta explicar que las enfermedades no solo afectan la salud de una persona, sino también las emociones y hasta la economía. Con los nuevos virus y las nuevas bacterias que surgen y causan enfermedades hoy en día, es imperioso que recibamos la «unción de valentía» para luchar contra todo espíritu de enfermedad que quiera atacar nuestra salud y toda nuestra vida.

4. Espíritus de infelicidad, perversión y desviación sexual

Si el matrimonio no ha descubierto la «llave» para tener una vida sexual regular y saludable, los cónyuges estarán expuestos a diferencias y discusiones que los pueden conducir a la infidelidad y a la pérdida del amor.

Tal vez sea en este ámbito donde el enemigo haya atacado más a los cónyuges. El enemigo sabe muy bien que un hombre o una mujer que estén insatisfechos en este aspecto son candidatos seguros a dejarse seducir por las tentaciones. Los matrimonios llenos de la «unción de valentía» no solo aprenden a mantener una vida sexual saludable, sino que también batallan cada día contra toda estrategia del enemigo que intenta seducirlos y llevarlos al adulterio mental y físico.

> Los matrimonios llenos de la «unción de valentía» no solo aprenden a mantener una vida sexual saludable, sino que también batallan cada día contra toda estrategia del enemigo.

5. Espíritu de descontrol, ira y violencia

Los problemas de carácter han sido uno de los mayores causantes de que el matrimonio haya terminado muchas veces en homicidio o suicidio por parte de uno de los cónyuges. Muchas conversaciones triviales se transforman en discusiones acaloradas. La ira descontrolada provoca roces, discusiones y peleas. Además, crea un ambiente hostil que hace del hogar cualquier cosa menos un «dulce hogar».

Los matrimonios que actúan con la «unción de valentía» son los que aprenden a humillarse y a pedirle perdón al cónyuge cuando se han exasperado. Son los que le cierran las puertas al enemigo para no llenarse de rencor y falta de perdón. La paz espiritual se mantiene al batallar cada día contra todo espíritu de discusión, falta de respeto y desunión.

6. Espíritu de rebeldía, falta de sujeción y respeto

Estos espíritus han hecho estragos en un sinnúmero de mujeres. Asimismo, ha originado una generación de mujeres independientes y liberales, presas, ni más ni menos, que del mismo espíritu de rebeldía y de la falta de sujeción y de respeto que tentó a Eva en el huerto del Edén. Muchas esposas cristianas, carentes de armas espirituales, no han podido discernir este espíritu y han caído en el engaño. Las mujeres llenas de valentía divina saben discernir el engaño del espíritu de rebeldía, y lo contraatacan con su obediencia a la Palabra de Dios, en sujeción a sus maridos y con respeto hacia ellos. La rebeldía es un principio gestado en el mismo infierno, y es necesario que lo reprendamos y lo echemos de nuestro hogar si queremos ser felices en nuestro matrimonio.

La rebeldía es un principio gestado en el mismo infierno, y es necesario que lo reprendamos y lo echemos de nuestro hogar.

7. Espíritu machista y de abuso de autoridad

El abuso de autoridad en cualquier esfera origina represión, temor y confusión. En el matrimonio produce un resquebrajamiento irremediable, a menos que Dios intervenga. Los varones llenos de valentía divina son los que trabajan cada día en ejercer la autoridad de manera equilibrada. Batallan a diario contra las fuerzas del mal y mantienen bien lejos de sus vidas a todo espíritu de abuso de autoridad.

Hoy es el tiempo de dejar la pasividad y la debilidad. Este es el tiempo de levantarnos con la «unción de valentía» a fin de proteger, y hasta rescatar, nuestra vida matrimonial. ¡Comencemos ahora mismo!

Para el debate grupal

1. ¿Qué significa ser un cónyuge pasivo desde el punto de vista espiritual?

2. ¿Qué significa ser un cónyuge valiente desde el punto de vista espiritual?
3. Mencionen cuáles son los enemigos de la vida matrimonial estudiados en el capítulo y hagan un debate al respecto.
4. ¿Cuál de los enemigos mencionados consideran más intimidante?
5. Lean en voz alta 2 Timoteo 1:7 y denle gracias al Señor por el poder o la unción de valentía que nos concede para ser vencedores.

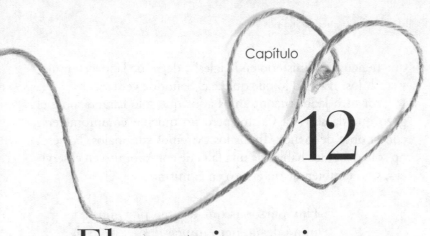

El matrimonio que sirve con deleite al Señor

Así dice un antiguo himno cantado por miles y miles de cristianos en todo el mundo: «¡Gozo da servir a Cristo!». Sin embargo, para ser sinceros, ¿da gozo servir a Cristo? ¿Existe verdadero deleite en servir en la obra de Dios?

Todos los que participan de alguna forma de servicio al Señor saben lo que estoy diciendo. Lo que debería darnos gozo muchas veces es motivo de tristeza. A pesar de que el servicio a Dios es maravilloso y causa de gozo, si nos descuidamos y nos desequilibramos, podría ocasionar problemas en la vida familiar como resultado de invertir más tiempo en el servicio que en la familia.

Por ejemplo, es triste ver que hay mujeres que por ir a la iglesia a «servir a Dios», descuidan sus responsabilidades de madres y esposas. También es triste ver que hay hombres que, debido a que tienen un ministerio en la iglesia, dejan de lado a su mujer y sus hijos. ¿Es esto lo que quiere el Señor de verdad?

Por otro lado, encontramos a los que solo cantan sobre el gozo que da servir a Cristo, pero no quieren comprometerse con la obra del Señor. Todos los extremos son malos. Por eso, no solo debemos hablar de una falta de compromiso en el servicio, sino también de un exceso en el mismo.

> Hay personas que asisten por años a una iglesia, pero nunca dan el paso de comprometerse con la visión de esa iglesia y servir con sus dones y talentos.

Hay personas que asisten por años a una iglesia, pero nunca dan el paso de comprometerse con la visión de esa iglesia y servir con sus dones y talentos. Tal parece que se conforman con asistir a la reunión, cantar algún himno, escuchar el sermón y marcharse para regresar el domingo siguiente, si es que no tienen otro compromiso. A veces, llamo por teléfono a los hermanos que no asistieron a la Escuela Dominical para saber si están enfermos o en dificultades. Sin embargo, me sorprendo al escuchar que, sin ningún reparo ni vergüenza, me dicen: «Pastor, el tiempo estaba tan lindo que fuimos a pasar un día al aire libre con la familia».

Cuando una familia comienza a sustituir la asistencia regular a la iglesia por salidas de diversión, es un síntoma seguro de decadencia espiritual. Cuando un cristiano no se compromete con la visión de una congregación y no colabora en ella con sus dones, es un síntoma de egoísmo y pereza espiritual. Para el cristiano no debería haber ningún lugar mejor que la casa de Dios:

> Porque mejor es un día en tus atrios que mil fuera de ellos. Escogería antes estar a la puerta de la casa de mi Dios, que habitar en las moradas de maldad.
>
> Salmo 84:10

También encontramos, como dijimos antes, los que sirven a Dios, pero viven en forma desequilibrada. A veces el ministerio y las responsabilidades que tenemos en la iglesia nos absorben más tiempo del deseado y, en un proceso lento pero firme, nos alejamos de la voluntad de Dios. El desequilibrio es una trampa común para los que sirven en la obra de Dios.

> El desequilibrio es una trampa común para los que sirven en la obra de Dios.

A decir verdad, son muchas las veces en las que necesitaríamos más de veinticuatro horas al día para cumplir con todo lo que tenemos que hacer. Entonces, como eso es imposible, debemos aprender a administrar bien el tiempo, incluso el que usamos para el servicio que prestamos en la obra de Dios.

El equilibrio entre el trabajo y el servicio

La medida de nuestro servicio a Dios está en estrecha relación con la medida de nuestro llamado. Desde luego, el que es ministro a tiempo completo en una iglesia invierte más horas de servicio que el cristiano que tiene un trabajo secular y sirve al Señor el resto del tiempo que le queda.

No obstante, en este capítulo me quiero centrar en los cónyuges que tienen trabajos seculares y anhelan vivir una vida llena del Espíritu Santo y servir al Señor con parte de su tiempo. Con respecto a esto, existen algunos puntos importantes que debemos tener en cuenta:

1. El matrimonio lleno del Espíritu Santo sirve a Dios con su tiempo

Cuando nos convertimos a Cristo, nuestra manera de vivir y el uso de nuestro tiempo experimentan una transformación. De modo que nuestro tiempo ya no es más «nuestro» tiempo, sino del Señor. Cuando leemos en Hechos 2 acerca del derramamiento del Espíritu Santo, vemos que tanto Pedro como el resto de los discípulos comenzaron a predicar de inmediato. Como resultado, las Escrituras dicen que se convirtieron tres mil hombres, sin contar las mujeres y los niños. Sin embargo, allí no termina la historia. La Biblia dice también que «los que recibieron su mensaje fueron bautizados» y que «no dejaban de reunirse en el templo ni un solo día» (Hechos 2:41, 46, NVI).

Cuando nos convertimos a Cristo, nuestra manera de vivir y el uso de nuestro tiempo experimentan una transformación.

¿Puedes entender esto? La gente, antes de convertirse, tenía su trabajo y sus responsabilidades. En cambio, cuando dieron el paso de fe de entregarle su vida a Cristo, cambiaron su manera de vivir y el uso de su tiempo. Nadie les dijo: «Bueno, a partir de ahora deben hacer esto o aquello». ¡No!, nada fue por la fuerza ni por obligación. Tampoco los que se convirtieron dijeron: «Si tenemos tiempo (que es una manera disfrazada de decir «no tengo ganas»), asistiremos a las reuniones. Ahora, su gran amor por el Señor era más fuerte que todo lo demás. Ahora, ya no usaban su tiempo para sus propios intereses, sino para los de Dios.

2. **El matrimonio lleno del Espíritu Santo sirve a Dios al dar buen testimonio en su lugar de trabajo**

Hay cristianos que se desequilibran en su buen deseo de servir a Dios y empiezan a descuidar su fuente de trabajo. Ya no se dedican con ahínco a su trabajo. En su lugar, se dedican a las actividades de la iglesia y, de esta manera, ponen en peligro su continuidad laboral. Se quedan hasta altas horas de la noche en la iglesia y se acuestan tarde. Entonces, al día siguiente se levantan cansados y no pueden rendir lo suficiente. No hay nada de malo en servir a Dios y terminar cansados. Al contrario, Dios es digno de que nos cansemos por Él. Estoy hablando de un equilibrio entre nuestro descanso, nuestro trabajo secular y nuestro servicio a Dios.

El matrimonio que ama a Dios, se integra a una iglesia local, toma la visión de ese lugar y apoya las actividades.

3. El matrimonio lleno del Espíritu Santo sirve a Dios con sus bienes y su dinero

El matrimonio que ama a Dios, se integra a una iglesia local, toma la visión de ese lugar y apoya las actividades, no solo con su asistencia, sino también con su dinero. ¿De qué forma sirve a Dios con su dinero? Lo sirve con sus diezmos y ofrendas a fin de que avance la obra. El profeta Malaquías nos habla con claridad acerca de llevar nuestro diezmo a la iglesia en la que nos congregamos:

Traigan íntegro el diezmo para los fondos del templo, y así habrá alimento en mi casa. Pruébenme en esto —dice el Señor Todopoderoso—, y vean si no abro las compuertas del cielo y derramo sobre ustedes bendición hasta que sobreabunde.

Malaquías 3:10, NVI

Es importante que demos nuestros diezmos y ofrendas a la iglesia donde nos congregamos de modo que avance la obra en ese lugar. En realidad, allí es donde nos estamos edificando y recibiendo cobertura espiritual. Si queremos ofrendar para otro ministerio, tal vez un ministerio televisivo que veamos y nos edifica, podemos dar una ofrenda adicional.

No obstante, esto no debe restar el diezmo y las ofrendas que le corresponde a la iglesia local.

4. **El matrimonio lleno del Espíritu Santo sirve a Dios con su ejemplo en todo lugar**

Cuando un matrimonio se lleva bien, todos lo notan y son bendecidos por ese testimonio de un hogar feliz. El matrimonio que sirve a Dios no solo es un ejemplo en la obra del Señor, sino en cualquier parte a la que va, ya sea en su vecindario o en su comunidad. No hay mayor impacto evangelístico que este.

Por eso es que debemos esforzarnos para que no nos conozcan nada más que como un matrimonio activo en la iglesia, sino ante todo como un matrimonio que bendice a la comunidad y ayuda al que está en necesidad.

El matrimonio lleno del Espíritu Santo es aquel que sirve con su actitud de fidelidad y obediencia al Señor en cualquier lugar.

El matrimonio lleno del Espíritu Santo es aquel que sirve con su actitud de fidelidad y obediencia al Señor en cualquier lugar. Esta es la clase de matrimonios que Dios necesita en su Iglesia, ¡y el que le hace falta a nuestra sociedad!

Pidamos cada día la gracia del cielo para ser un matrimonio que se deleite sirviendo al Señor con su tiempo, con sus bienes, su dinero, con un buen testimonio en el trabajo y siendo ejemplo en todo lugar.

Para el debate grupal

1. ¿Por qué muchos cristianos se conforman tan solo con asistir a la iglesia, pero nunca se comprometen con un servicio activo para Dios?

2. ¿Se puede servir a Dios en el lugar de trabajo? Mencionen algunas maneras prácticas.

3. ¿Por qué muchas veces el matrimonio cristiano se desequilibra en su servicio a Dios? ¿Cuál es la causa de que esto suceda?

4. ¿Cómo pueden servir a Dios con sus bienes y dinero?

5. ¿De qué maneras prácticas podemos servir a Dios en el vecindario o en la comunidad donde vivimos?

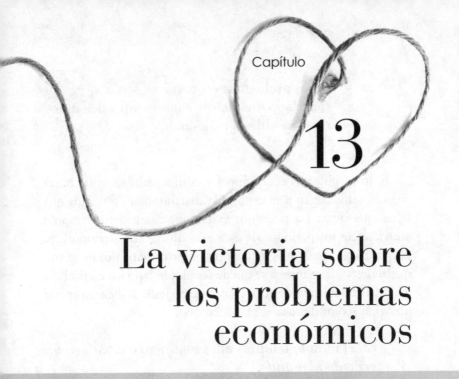

Capítulo

13

La victoria sobre los problemas económicos

Los problemas económicos... ¿quién no los tuvo alguna vez? La mayoría enfrentamos problemas económicos a lo largo de nuestra vida matrimonial.

Alguien dijo una vez: «El dinero no hace la felicidad... ¡pero cómo ayuda!». Lo cierto es que debemos tener una entrada económica regular y suficiente que nos permita cubrir las necesidades de la vida cotidiana.

A través de los años, he visto un gran número de matrimonios infelices y oprimidos por la escasez y por tener que vivir siempre por debajo de lo mínimo e indispensable. He visto muchos matrimonios frustrados por la imposibilidad económica de llevar a cabo sus sueños y anhelos más profundos. Incluso, hay muchas personas frustradas y muchas familias infelices por la crisis financiera que están atravesando en este mundo.

 Si los problemas económicos son una realidad, ¿qué hacer cuando estos llegan a nuestra vida matrimonial?

Si los problemas económicos son una realidad, ¿qué hacer cuando estos llegan a nuestra vida matrimonial? Tenemos que saber que quizá no podamos evitar que nuestro matrimonio atraviese ciertos períodos de escasez o dificultades económicas. Sin embargo, podemos evitar que nuestro matrimonio se resquebraje, se derrumbe y se quede sepultado bajo los escombros de la frustración, la derrota y la tristeza. Jesús nunca prometió una vida «color de rosas», más bien dijo:

> En el mundo tendréis aflicción; *pero confiad, yo he vencido al mundo.*
>
> Juan 16:33, énfasis añadido

Creo firmemente que, como cristianos, más allá de los tiempos de dificultad económica que podamos atravesar, tenemos promesas seguras de bendición económica para nuestra vida. La Biblia dice lo siguiente en la Epístola a los Filipenses:

> Mi Dios, pues, suplirá todo lo que os falta conforme a sus riquezas en gloria en Cristo Jesús.
>
> Filipenses 4:19

¡Qué versículo tan esperanzador y motivador! Además, ¡qué bueno es saber que Dios nos suple «conforme a sus riquezas en gloria» y no conforme a nuestra capacidad! Tú, como cristiano, de seguro conoces varios pasajes que hablan sobre la provisión económica que Dios tiene para los suyos. Así y todo, en este capítulo quiero referirme en especial a la manera de atravesar victoriosos los tiempos de escasez o de problemas económicos.

 En tiempos de dificultades y de presiones económicas, tu matrimonio puede tener la victoria.

La victoria está garantizada

En tiempos de dificultades y de presiones económicas, tu matrimonio puede tener la victoria. Por lo tanto, no te frustres ante los problemas, sino confía en el Señor y Él hará cumplir en tu vida las palabras de Hebreos 11:34:

> Sacaron fuerzas de debilidad, se hicieron fuertes en batallas, pusieron en fuga ejércitos extranjeros.

Si lo analizas, este versículo tiene tres frases importantes. Es más, cada una de estas frases tiene un significado para tu vida matrimonial:

1. «Sacaron fuerzas de debilidad»: ¿De dónde sacaron fuerzas? ¡De la debilidad! ¿Cuál es tu debilidad hoy? ¿La escasez y los problemas económicos? Dios quiere ministrarte fuerzas en medio de tus dificultades.

2. «Se hicieron fuertes en batalla»: ¿Dónde se hicieron fuertes? ¡En medio de la batalla! Tú debes pelear contra el enemigo de la escasez, la pobreza y la maldición económica con la espada, que es la Palabra de Dios. Además, debes confesar las promesas de Dios de abundancia y provisión económica sobre tu vida y tu matrimonio.

3. «Pusieron en fuga a ejércitos extranjeros»: La escasez, la pobreza y la maldición económica son ejércitos extranjeros para el pueblo de Dios. En la primera epístola de Pedro encontramos lo siguiente: «Fuisteis llamados para que heredaseis bendición» (3:9). De modo que no debemos tolerar el ataque de estos enemigos ni rendirnos ante ellos. ¡Son

extranjeros! ¡No pertenecen al pueblo de Dios! Entonces, ¿qué esperas? ¡Échalos de tu vida y de tu familia en el nombre de Jesús!

Consejos útiles para los tiempos de adversidad

A continuación te daré varios consejos importantes, a fin de que los pongas en práctica cuando la adversidad económica amenace con destruir la felicidad de tu hogar:

1. Cree las promesas y confiésalas con fe

En lugar de lamentarte por tu escasez económica, lo primero que debes hacer es creer y confesar con fe las promesas que aparecen registradas en la Biblia acerca de la bendición económica. A continuación, debes tomar autoridad en el nombre de Jesús y reprender al diablo.

Muchas veces, la realidad o lo que estamos viviendo intentará apagar nuestra fe y hacernos caer en el pozo de la duda y la desesperación. Si el diablo puede hacernos dudar, nos llenará de temores y caeremos enlazados bajo sus maldiciones. La Biblia nos enseña que «por fe andamos, no por vista» (2 Corintios 5:7). Así que cuando llegan las carencias o los problemas económicos, debemos dejar de abrumarnos y de pensar en forma negativa, a fin de levantarnos en fe y confesar las promesas de Dios. Por lo tanto, dejemos de mirar nuestra imposibilidad y alcemos nuestros ojos al cielo a Aquel que todo lo puede.

En tiempos de dificultades económicas, debes reconocer tu necesidad, pero no postrarte ante ellas.

En tiempos de dificultades económicas, debes reconocer tu necesidad, pero no postrarte ante ellas. Debes decidir si vas a creerle más a tu necesidad que a la Palabra de Dios. Cuando tus circunstancias contradicen la Palabra de Dios, ¡rechaza ese pensamiento de escasez, pobreza y maldición económica! Luego, comienza a proclamar en fe: «Mi Dios, pues, suplirá todo lo que os falta conforme a sus riquezas en gloria en Cristo Jesús» (Filipenses 4:19). ¡Aférrate a su Palabra viva y confiesa sus promesas de bendición económica! Toma autoridad sobre el diablo, pues tú puedes hacerlo. La Palabra dice en la epístola de Santiago:

> Someteos, pues, a Dios; resistid al diablo, y huirá de vosotros.
>
> Santiago 4:7

Por lo tanto, resiste al diablo y ata, reprende y echa fuera de tu economía todo espíritu inmundo de escasez, deuda, pobreza o maldición económica. Entonces, el Señor soltará sobre tu vida la bendición económica que te pertenece.

2. **Interpreta que solo atraviesas un tiempo de escasez y que tus problemas económicos no durarán toda la vida**
Cuando vienen los problemas, pensamos que estarán con nosotros toda la vida y que nunca nos libraremos de ellos. ¿Nunca te ha pasado este pensamiento por la mente? ¿Sabes lo que debes hacer con él? Desecharlo y reprenderlo en el nombre de Jesús. Las mentiras del diablo hay que rechazarlas en cuanto comiencen a rondar por nuestra mente. Si les permitimos hacer nido sobre nuestra cabeza, seremos presa fácil del desaliento y terminaremos derrotados y a merced del enemigo de nuestras almas. Decide no creer las mentiras del diablo y confiesa el Salmo 30:5:

> Porque un momento será su ira, pero su favor dura toda la vida. Por la noche durará el lloro, y a la mañana vendrá la alegría.

> Para no dejarnos agobiar por los problemas económicos es importante que tengamos contentamiento y un corazón agradecido.

3. **Comienza a darle gracias al Señor por todo lo que Él ya te ha dado y por lo que tienes ahora**

Para no dejarnos agobiar por los problemas económicos es importante que tengamos contentamiento y un corazón agradecido.

> Sean vuestras costumbres sin avaricia, contentos con lo que tenéis ahora; porque él dijo: No te desampararé, ni te dejaré.
>
> Hebreos 13:5

Muchas veces, cuando atravesamos problemas económicos, nos olvidamos de los milagros que Dios hizo ayer por nosotros. Es más, no recordamos las situaciones en las que Dios magnificó su nombre y nos asistió con su *mano de poder*. ¿Por qué no pensar que si lo hizo una vez lo puede volver a hacer? ¿Acaso el poder de Dios ha menguado? ¡No! Él «es el mismo ayer, y hoy, y por los siglos» (Hebreos 13:8). Así que dale gracias al Señor por su fidelidad en el pasado y pídele que haga algo mayor en tu difícil presente.

4. **Evita compararte con los que te superan económicamente y no tienen problemas económicos**

El ser humano tiende a compararse siempre con el que nos supera, nunca con el que está en una condición inferior. Decimos: «Los Fernández nunca tienen problemas económicos, siempre están bien». Ten mucho cuidado porque esto puede hacerte dudar de las promesas de Dios y hacerte creer las mentiras del diablo. Recuerda que el diablo siempre intentará rebajarte y llevarte a lo más bajo. También recuerda lo que dijo Dios:

> El Señor te pondrá a la cabeza, nunca en la cola.
> Siempre estarás en la cima, nunca en el fondo.
>
> Deuteronomio 28:13, NVI

A menudo, el trato de Dios es diferente en la vida de cada uno de sus hijos, y no quiero entrar en este tema. De modo que lo importante aquí es que no todos somos iguales, pues cada uno debe pelear por su bendición y por lo que dice Dios que somos. ¿Quiénes somos según la Palabra de Dios? Analiza lo que escribió el apóstol Pedro:

> Mas vosotros sois linaje escogido, real sacerdocio, nación santa, pueblo adquirido por Dios, para que anunciéis las virtudes de aquel que os llamó de las tinieblas a su luz admirable; vosotros que en otro tiempo no erais pueblo, pero que ahora sois pueblo de Dios; que en otro tiempo no habíais alcanzado misericordia, pero ahora habéis alcanzado misericordia.
>
> 1 Pedro 2:9-10

 ¡No somos pobrecitos ni mendigos! ¡Somos «linaje escogido, real sacerdocio»!

¡No somos pobrecitos ni mendigos! ¡Somos «linaje escogido, real sacerdocio»!

5. **Realiza un ajuste en tu presupuesto y evita endeudarte más**
    Lo primero que debes hacer al entrar en un período de inestabilidad económica es hacer un alto y dedicarte a reorganizar

tu presupuesto. En estos momentos es importante reducir gastos, pagar deudas y evitar contraer otras más.

Muchos oran, bendicen su economía y confiesan las promesas de prosperidad de Dios, pero siguen adelante arrastrando una pesada carga de gastos y deudas cuantiosas que les impide recibir la bendición de Dios. Las deudas impagadas nos convierten en esclavos de nuestros deudores. Podríamos decir que las deudas son la «esclavitud de nuestra era». Recuerde el pasaje de la Epístola a los Romanos:

> Pagad a todos lo que debéis: al que tributo, tributo; al que impuesto [...] No debáis a nadie nada.
>
> Romanos 13:7-8

6. Ten un corazón dador a pesar de tu actual escasez económica

No es necesario ser rico para poder dar y bendecir a otros. La Biblia enseña que podemos dar aun en medio de nuestra pobreza. En 2 Corintios 8:1-4 vemos cómo daban los cristianos de Corinto, quienes de «su profunda pobreza abundaron en riquezas de su generosidad» y que «con agrado [daban] conforme a sus fuerzas, y aun más allá de sus fuerzas».

Por lo tanto, invierte en la obra de Dios, bendice a otros aun con lo poco que tienes. Cualquiera da cuando vive en abundancia, pero pocos tienen la gracia de dar aun en tiempos de escasez. ¡Imitemos a nuestros hermanos de Corinto que nos precedieron!

Cualquiera da cuando vive en abundancia, pero pocos tienen la gracia de dar aun en tiempos de escasez.

7. Dios puede suplirte más allá de tus ingresos mensuales

Dios es especialista en obrar milagros y puede hacernos vivir económicamente más allá de nuestros recursos naturales.

¿Qué quiero decir con esto? Que más allá de los haberes mensuales que recibes por tu trabajo, Dios puede suplirte dinero de otras maneras. Por ejemplo: una ofrenda inesperada, el cobro de una suma de dinero impensada, una cuenta pagada de manera sobrenatural, etc. Si crees que la bendición de Dios está limitada a lo que ganas, aún no has descubierto la provisión sobrenatural de Dios. Recuerda lo que leímos en Filipenses 4:19: Dios nos suple «conforme a sus riquezas en gloria» y no conforme a lo que tenemos en la Tierra. De esa manera, podemos decir lo mismo que el profeta Miqueas:

> Mas yo a Jehová miraré, esperaré al Dios de mi salvación; el Dios mío me oirá.
>
> Miqueas 7:7

¿Vives con esta actitud de espera en la salvación de Dios? ¿Tienes fe de que Dios puede suplirte más allá de tus ingresos mensuales? La fe crea la atmósfera para los milagros de Dios. Además, recuerda que «sin fe es imposible agradar a Dios; porque es necesario que el que se acerca a Dios crea que le hay, y que es galardonador de los que le buscan» (Hebreos 11:6).

8. **Honra a Dios con fidelidad y lleva tus diezmos y ofrendas a la iglesia donde recibes edificación espiritual**
   Hay creyentes que cuando deben hacer un recorte en su presupuesto lo primero que suprimen son los diezmos y las ofrendas. Cuando argumentan al respecto, dicen: «Dios conoce mi situación». Como ya vimos en el capítulo anterior, la Biblia es clara en Malaquías 3:8-12 con respecto a los diezmos y las ofrendas.

El matrimonio que no diezma cuando enfrenta problemas económicos, abre las puertas de su hogar para que la maldición de pobreza y escasez se devoren la bendición de Dios.

El matrimonio que no diezma cuando enfrenta problemas económicos, abre las puertas de su hogar para que la maldición de pobreza y escasez se devoren la bendición de Dios. Por lo general, cuando nos referimos a cosas importantes que deberían hacerse primero, solemos decir: «Lo primero, primero». Pues bien, el diezmo está entre estas cosas.

9. **Evita discutir demasiado con tu cónyuge sobre los problemas económicos**
Cuando los problemas económicos comienzan a amenazar la felicidad de nuestro matrimonio, debemos tomar precauciones para evitar grietas y fisuras que terminen por destruir nuestra relación. Muchos esposos llegan del trabajo, nerviosos por los problemas económicos y descargan toda su ira e indignación contra su esposa. Las mujeres, por su parte, cuando ven la suma en impuestos y deudas que deben pagar, desatan su impotencia y frustración sobre su esposo.

Nuestro cónyuge nunca debe ser la víctima de nuestra cólera por los problemas económicos que estamos atravesando. Los tiempos de escasez son épocas en las que hay que andar con mucho cuidado, pues el enemigo quiere aprovecharse de la situación para destruir el matrimonio. El apóstol Pedro nos dice:

Sed sobrios, y velad; porque vuestro adversario el diablo, como león rugiente, anda alrededor buscando a quien devorar.

1 Pedro 5:8

El enemigo sabe muy bien que cuando la situación económica no es buena, es el momento propicio para hacer de las suyas y dividir al matrimonio más unido.

> El enemigo sabe muy bien que cuando la situación económica no es buena, es el momento propicio para hacer de las suyas.

10. Entrégale la carga económica al Señor en oración

En su carta a los filipenses, el apóstol Pablo dice que no nos preocupemos por nada, sino que «sean conocidas vuestras peticiones delante de Dios en toda oración y ruego, con acción de gracias» (4:6).

En momentos de dificultades económicas, refuerza tu vida de oración individual y como pareja. No seas la única persona que lleve la carga, porque Jesús dijo:

> Si dos de vosotros se pusieren de acuerdo en la tierra acerca de cualquiera cosa que pidieren, les será hecho por mi Padre que está en los cielos. Porque donde están dos o tres congregados en mi nombre, allí estoy yo en medio de ellos.
>
> Mateo 18:19-20

Por lo tanto, busquen tú y tu cónyuge el rostro de Dios, a fin de que Él les dé la victoria que necesitan.

11. Cuenta las maravillas de Dios sobre tu economía

Debemos ver los problemas económicos como la oportunidad de Dios para manifestar su poder. Así que cree por la fe que Dios hará milagros en tu economía. Entonces, cuando estos lleguen, cuenta tu testimonio para edificar la fe de otros. Es más, cuenta las maravillas de Dios y repite las palabras del salmista y del profeta Isaías:

Te alabaré, oh Jehová, con todo mi corazón;
contaré todas tus maravillas.

Salmo 9:1

Para exclamar con voz de acción de gracias, y para
contar todas tus maravillas.

Salmo 26:7

Jehová, tú eres mi Dios; te exaltaré, alabaré tu
nombre, porque has hecho maravillas.

Isaías 25:1

Si tú y tu cónyuge han atravesado
dificultades económicas en victoria, tienen
la autoridad de Dios para ayudar a los que
están débiles.

12. Aconseja a otros que atraviesan dificultades económicas para que puedan caminar victoriosos en medio de la adversidad

Si tú y tu cónyuge han atravesado dificultades económicas en victoria, tienen la autoridad de Dios para ayudar a los que están débiles. Eso es lo que nos dice el apóstol Pablo en su carta a los tesalonicenses:

También os rogamos, hermanos, que amonestéis a
los ociosos, que alentéis a los de poco ánimo, que
sostengáis a los débiles, que seáis pacientes para
con todos.

1 Tesalonicenses 5:14

Así que acércate a los que están en dificultades para amonestarlos, alentarlos y sostenerlos. Además, no te olvides de ser paciente con ellos. Sé un canal de bendición, de modo que la bendición que has recibido en tu vida no se estanque, sino que se multiplique y fluya con fuerza hacia la vida de otros.

Si practicas estas cosas, te aseguro que tendrás la victoria y habrás ganado una importante batalla contra el enemigo.

Para el debate grupal

1. ¿Existe alguna manera de evitar que los problemas económicos traigan peleas y discusiones en el hogar?
2. ¿Cuál es la consecuencia de no tener un presupuesto familiar? ¿Sabemos hacer un presupuesto familiar?
3. Según lo visto en el capítulo, ¿de qué manera podemos aplicar Hebreos 11:34 en nuestra vida y en nuestro matrimonio?
4. ¿Recuerdan cuál fue el último milagro financiero que Dios hizo en su vida o matrimonio? Coméntelo en el grupo y mediten en esto.
5. Lean Filipenses 4:19 y oren para que el Señor grabe esa palabra en lo profundo de sus corazones.

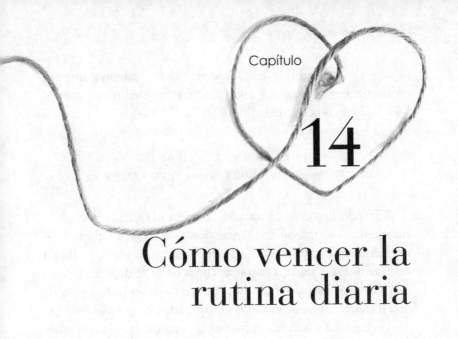

Cómo vencer la rutina diaria

¿**N**unca has sentido cansancio, aburrimiento o hastío por hacer siempre todos los días las mismas cosas? ¿No te sientes a veces atrapado por las cosas que tienes que hacer cada día y, a la vez, desesperado por no poder cambiar la situación?

Nuestra vida está llena de rutinas y responsabilidades que no podemos evitar. Nos levantamos muy temprano en la mañana cuando suena el despertador, nos damos una ducha, nos vestimos, vamos a la cocina y desayunamos con rapidez, pues hay que llevar a los niños a la escuela. Y si eres mujer, habría que agregar que eres la que despierta a los niños, los viste, les preparas el desayuno y recoges todo lo que el resto de la familia deja tirado. Después viene la rutina diaria de llegar en tiempo al trabajo. Ya sea que conduzcamos nuestro automóvil, o que vayamos en otro medio de transporte, siempre sabemos que nos espera un largo, tedioso y aburrido viaje en medio del calor, el frío, la lluvia o la humedad.

 Nuestra vida está llena de rutinas y responsabilidades que no podemos evitar.

Cuando llegamos al trabajo, comienza la rutina laboral. Si trabajamos en una oficina, encendemos la computadora, acomodamos cada cosa en su lugar en el escritorio y empezamos a realizar nuestro trabajo hasta las cinco de la tarde. Después de una jornada dura y difícil donde el jefe estuvo todo el día de mal humor, salimos corriendo y emprendemos el viaje de regreso. Llegamos a casa, nos quitamos la ropa de trabajo, cenamos (si es mujer, prepara la cena y después lava los platos, ¡a no ser que sea afortunada y su marido le ayude!), miramos un programa de televisión, jugamos con los niños, etc., etc. Al final, nos vamos a dormir... ¡y al otro día lo mismo!

Debemos saber que la rutina diaria, si no la sabemos manejar, puede perjudicar nuestra relación matrimonial y robarnos la felicidad. Por eso es importante tratar este tema, a fin de estar alertas y no caer en la trampa de la rutina.

Recomendaciones prácticas

¿Qué hacer con la rutina diaria? ¿Cómo cambiarla? ¿Cómo evitar que nos desaliente? Para ser sinceros, todos quisiéramos tener días espectaculares donde vivamos cosas nuevas, emoción, variedad, aventura, etc. En cambio, esto no sucede en la vida real, sino solo en las películas de Hollywood. ¿Qué hacer entonces? Tengo algunas recomendaciones prácticas que pueden ayudarte a no sentirte atrapado en la rutina.

1. Cuando te despiertes en la mañana, dale gracias al Señor por la oportunidad de vivir un nuevo día

En el libro de Lamentaciones, el profeta Jeremías nos habla del porqué debemos estar agradecidos:

> Por la misericordia de Jehová no hemos sido consumidos, porque nunca decayeron sus misericordias. Nuevas son cada mañana; grande es tu fidelidad. Mi porción es Jehová, dijo mi alma; por tanto, en él esperaré.
>
> Lamentaciones 3:22-24

Muchas personas hoy no vieron la luz del día y no pueden leer un libro como lo haces tú. ¡Estás vivo por la gracia y la misericordia de Dios! Recuerda que Dios dice que sus misericordias... *nuevas son cada mañana*. ¡Hay cosas nuevas de Dios para ti cada mañana! Dile al Señor: «Recibo cosas nuevas en este día y te pido que renueves mi rutina». No comiences el día pensando en tu rutina, sino en la posibilidad de que Dios haga algo nuevo.

No comiences el día pensando en tu rutina, sino en la posibilidad de que Dios haga algo nuevo.

2. Agrégale variedad a tu rutina diaria

Si no es posible cambiar la rutina, quizá puedas variarla. Por ejemplo: Cambia tu horario de oración y meditación en la Palabra de Dios. Sal de compras en otro horario. Cambia de ruta cuando vas al trabajo. Transforma tu manera de peinarte o de vestirte. Desayuna fuera de tu hogar. Modifica la ubicación de los muebles en tu oficina, etc. Muchas veces se puede hacer lo mismo, pero de otra forma. Si no tienes esa clase de creatividad, ora al Señor y Él te la dará.

3. Considera tu rutina diaria como parte de la vida

Existen cosas de la rutina diaria que son parte de la vida y que no se pueden eliminar o, como dicen algunos, son «males necesarios». De modo que contraemos obligaciones que deben cumplirse, tengamos o no deseos de llevarlas a cabo. Por ejemplo, si no quieres «caer en la rutina de ir a trabajar», perderás el día de trabajo y ganarás menos dinero para pagar tus cuentas. Hay cosas de la rutina diaria que tenemos que hacer siempre, nos guste o no. Estas cosas son parte de la vida misma, y tenemos que tener la disciplina de cumplirlas. Si miras tu rutina diaria con los ojos de la fe, cambiará tu perspectiva y podrás ver que es parte del plan de Dios para el ser humano. Además, comprenderás que es la posibilidad de manifestar el carácter de Cristo aquí en la Tierra.

> Si miras tu rutina diaria con los ojos de la fe, cambiará tu perspectiva y podrás ver que es parte del plan de Dios para el ser humano.

4. Disfruta de la compañía de tu cónyuge en medio de la rutina de la vida

A menudo vemos mujeres que se cansan de que el esposo siempre esté en la casa para almorzar. También vemos hombres que se molestan al ver a su mujer vestida siempre con ropa para estar en casa, después de volver de la oficina donde todas las mujeres lucieron su último «modelito». ¡Trata de pensar en lo que importa de verdad y es que tu cónyuge está a tu lado y te es fiel! Dale gracias a Dios por tener a tu lado a una persona que te ama. ¿Sabías que la rutina de tu vida diaria puede transformarse en algo hermoso cuando la vives con tu cónyuge? ¿Te imaginas cómo debe ser la rutina de la vida en soledad? Por eso la Biblia dice en Eclesiastés 4:9 que «mejores son dos que uno». Con Cristo, hasta la rutina de la vida puede ser diferente.

5. **Toma autoridad en el nombre de Cristo**
   Con la autoridad que te da Dios, reprende cada espíritu de hastío y de aburrimiento o esa «atmósfera pesada» que te hace ver todo negativo en medio de la rutina de la vida. Tú quizá digas que no hay que ver «demonios por todos lados». Sin embargo, te aseguro que el diablo aprovechará todo sentimiento de hastío, aburrimiento y desgano para oprimirte. Hay días en los que, en medio de la rutina diaria, sentimos que estamos respirando una «atmósfera pesada», que todo se torna oscuro, que hay una nube espesa sobre nosotros. ¿Qué otra cosa puede ser esto que un ataque del enemigo?

   La Biblia nos dice que nuestro «adversario el diablo, como león rugiente, anda alrededor buscando a quien devorar» (1 Pedro 5:8). Entonces, cuando estamos atrapados en la rutina de la vida, somos vulnerables y frágiles ante los embates del enemigo. Por lo tanto, no esperes a sentir esa «nube pesada» sobre tu vida. Actúa ahora mismo en el nombre de Jesús y ata toda fuerza del enemigo que quiere producirte insatisfacción. ¡La Biblia dice que «donde está el Espíritu del Señor [aun en medio de la rutina de la vida], allí hay libertad»! (2 Corintios 3:17).

> Actúa ahora mismo en el nombre de Jesús y ata toda fuerza del enemigo que quiere producirte insatisfacción.

Cuando el Señor Jesucristo reina en la familia y la presencia del Espíritu Santo sopla sobre la rutina diaria, la atmósfera espiritual del hogar se renueva y se respira libertad.

Para el debate grupal

1. ¿Piensan que la rutina diaria puede afectar la vida matrimonial?
2. ¿Es posible vivir sin una rutina diaria?
3. ¿Cómo se evita el desaliento debido a la rutina?
4. Piensen en su rutina diaria actual y respondan: ¿Qué cosas quisieran cambiar si pudieran?
5. Oren en grupo y entréguenle al Señor su rutina diaria para que Él la renueve.

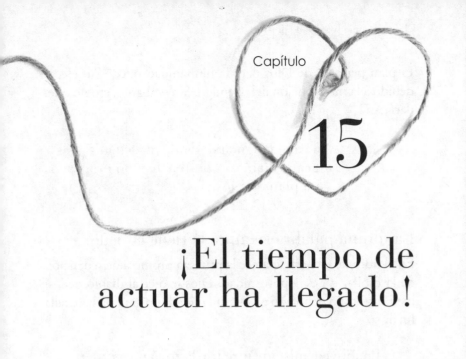

¡El tiempo de actuar ha llegado!

Cada vez que pienso en la guerra espiritual que el diablo le ha declarado al matrimonio que aprueba Dios, vienen a mi mente una serie de preguntas que siempre me he formulado: ¿Por qué el enemigo tiene tanto interés en destruir los matrimonios? ¿Por qué a diario se separan y se divorcian miles y miles de matrimonios en el mundo entero?

No cabe ninguna duda de que cuanto más ataca el diablo, es porque hay un propósito y un plan de Dios. No en vano vienen los ataques del enemigo sobre el pueblo cristiano y su vida matrimonial. Siempre que Dios crea algo, al tiempo se desata un ataque del diablo para pervertir el plan divino. Mira lo que sucedió en el huerto del Edén. Allí estaba el primer matrimonio de la historia junto al mismo Dios, donde todo era literalmente un paraíso. En ese preciso lugar apareció la serpiente antigua y en Génesis 3 leemos lo que sucedió por comer el fruto prohibido.

El plan perfecto de Dios para la humanidad quedó sin efecto debido a la intervención del enemigo. Sin embargo, eso no quedaría así.

 No cabe ninguna duda de que cuanto más ataca el diablo, es porque hay un propósito y un plan de Dios.

La última palabra siempre la tiene el Señor

En el libro de Génesis aparece la primera promesa de redención de la Biblia. En esa oportunidad, Dios le dice al diablo que, si bien introdujo el pecado en la humanidad, no ganaría la batalla final:

> Pondré enemistad entre ti y la mujer, y entre tu simiente y la simiente suya; ésta te herirá en la cabeza, y tú le herirás en el calcañar.
>
> Génesis 3:15

El enemigo no solo hizo entrar el pecado a este mundo, sino que también produjo un resquebrajamiento en la relación del esposo, Adán, con su mujer, Eva. Ya no podrían tener una relación de perfecta unidad, sino que la mujer quedaría subyugada bajo la autoridad del hombre:

> A la mujer dijo: Multiplicaré en gran manera los dolores en tus preñeces; con dolor darás a luz los hijos; y tu deseo será para tu marido, y él se enseñoreará de ti.
>
> Génesis 3:16

Más adelante, cuando tuvieron hijos, vemos que Caín asesinó bestialmente a su hermano, Abel, por haberse llenado de celos y envidia. Luego, en toda la historia del pueblo hebreo encontramos a mujeres estériles que no podían engendrar hijos, como fue el caso de Sara. A pesar de tener la promesa de un hijo, pasaron años y años hasta que decidieron que Abraham tuviera relaciones con la criada, a fin de poder engendrar un hijo. Entonces, Abraham tuvo a Ismael, el hijo con la criada, que con el paso de los años se convertiría en enemigo del pueblo judío.

No sé si notas que Ismael no respondía al plan original de Dios. Antes bien, era el resultado de la intervención del enemigo para echar abajo el plan de Dios. Sin embargo, Dios, en su misericordia, les permitió engendrar a Isaac, el hijo de la promesa, que llegaría a ser la esperanza del destino de Israel (Génesis 15—18).

Al cabo del tiempo, Faraón, que es una figura del diablo, les ordena a las parteras de Egipto que mataran a todo niño varón. En cambio, pese a su estrategia, Dios se burló del enemigo y guardó de la muerte a Moisés. Aunque la hija del faraón lo crió bajo la costumbre y la educación egipcia, muchos años más tarde Moisés se convirtió en el libertador de Israel (Éxodo 1—3).

Ya en los tiempos del Señor, el rey Herodes ordena la matanza de todos los niños recién nacidos. Su propósito era terminar con la vida del niño Jesús. Entonces, Dios se vuelve a burlar de la perversa orden de Herodes y salvaguarda la vida del que sería el Salvador del mundo (Mateo 1—2).

A lo largo de la historia, vemos que el diablo siempre ha querido pervertir el plan original de Dios.

A lo largo de la historia, vemos que el diablo siempre ha querido pervertir el plan original de Dios. Sin embargo, también vemos que Dios ha revertido el plan de destrucción del diablo en cada ocasión. A pesar de que el enemigo insiste en trastornar el plan original de Dios para el matrimonio, el Señor va a revertir su plan de destrucción, pues «para esto apareció el Hijo de Dios, para deshacer las obras del diablo» (1 Juan 3:8).

Guerreros por la familia

Cuando vemos la acción de Dios en medio nuestro, sabemos que Él «nos lleva siempre en triunfo en Cristo Jesús» (2 Corintios 2:14). El diablo podrá tentarnos y hacernos trastabillar. Incluso, a veces nos hará caer. No obstante, si vivimos una vida de obediencia a Dios y santidad, Él nos levantará, porque «no dejará para siempre caído al justo» (Salmo 55:22). Por lo tanto, llegó el momento de dejar de escondernos y de enfrentar como buenos guerreros espirituales las fuerzas del mal que quieren destruir nuestro matrimonio.

Basta con mirar los noticieros, leer los periódicos y las noticias en la Internet para darnos cuenta de que el diablo le ha declarado la guerra, como nunca antes, al matrimonio y la familia establecidos por Dios. Si buscamos una definición de familia, encontramos que «la familia es la célula fundamental de la sociedad que constituye la unidad de reproducción y mantenimiento de la especie humana. Es una forma de organización en torno a la unión de pareja, sobre la base de la cual se desarrollan todas las relaciones parentales». En cambio, vemos que la proliferación de matrimonios homosexuales tira por tierra esta definición secular de la familia, pues ninguna unión homosexual puede reproducir ni mantener la especie humana.

Una familia que no satisface las necesidades emocionales de sus integrantes, no cumple con sus funciones.

Asimismo, una familia que no satisface las necesidades emocionales de sus integrantes, no cumple con sus funciones. En otras palabras, es una familia disfuncional. Un aspecto de esta disfunción es la falta de comunicación. Es más, los que componen la familia no pueden expresar con libertad sus sentimientos, por eso la unión no es productiva. La comunicación defectuosa lleva a un deterioro en la relación, provocando discusiones, frustraciones y hostilidades. También podemos encontrar como manifestación típica de estas familias la confusión de papeles dentro de la misma.

Esta lista podría seguir, pues es mucha la confusión que cunde en la sociedad actual con respecto al matrimonio y la familia que bendice Dios. De modo que «no podemos ignorar las maquinaciones de Satanás, para que él no gane ventaja sobre nosotros» (2 Corintios 2:11). Si todos los matrimonios cristianos de cada ciudad se levantaran llenos del poder de Dios para hacer frente a las obras del enemigo, ¡nuestra sociedad sería muy diferente y veríamos la gloria de Dios en las calles y los hogares!

Requisitos para hacer la guerra espiritual

Sin duda, tenemos que hacerle frente al enemigo y desenmascarar sus obras. Sin embargo, antes de empezar la batalla espiritual, debemos prepararnos como es debido si es que deseamos vencer. Es lamentable que ciertos sectores del pueblo de Dios crean que solo los que tienen «un ministerio» pueden levantarse y batallar contra las fuerzas del mal. ¿Es esto verdad?

Antes de empezar la batalla espiritual, debemos prepararnos como es debido si es que deseamos vencer.

Ahora bien, según la Palabra de Dios, los que califican para hacer la guerra espiritual contra las huestes de maldad deben cumplir tres requisitos que aclara muy bien este pasaje:

Pedro les dijo: Arrepentíos, y bautícese cada uno de vosotros en el nombre de Jesucristo para perdón de los pecados; y recibiréis el don del Espíritu Santo.

Hechos 2:38

Si lo analizamos, vemos las condiciones que debemos cumplir a la hora de emprender la guerra espiritual:

1. Arrepentirse y nacer de nuevo: «Ser hechos hijos de Dios» (Juan 1:12).
2. Bautizarse en agua como prueba externa del cambio interno: «Porque todos los que habéis sido bautizados en Cristo, de Cristo estáis revestidos» (Gálatas 3:27).
3. Recibir el bautismo en el Espíritu Santo a fin de tener el poder y la unción para vivir en santidad y batallar con eficacia contra las fuerzas espirituales de maldad: «Recibiréis poder, cuando haya venido sobre vosotros el Espíritu Santo» (Hechos 1:8).

Si tú naciste de nuevo, te bautizaron en agua y en el Espíritu Santo, ¡estás calificado para batallar contra las fuerzas del mal que quieren destruir tu vida matrimonial! No obstante, ¿por qué todo cristiano, y todo matrimonio, que quiere batallar contra el poder de las tinieblas debe cumplir estas tres condiciones?

Si tú naciste de nuevo, te bautizaron en agua y en el Espíritu Santo, ¡estás calificado para batallar contra las fuerzas del mal que quieren destruir tu vida matrimonial!

- *Primero*, porque el que no nace de nuevo, todavía vive en el reino de las tinieblas y no es un hijo de Dios: «El cual nos ha librado de la potestad de las tinieblas, y trasladado al reino de su amado Hijo, en quien tenemos redención por su sangre, el perdón de pecados» (Colosenses 1:13-14).
- *Segundo*, porque es un paso de obediencia: «Porque así conviene que cumplamos toda justicia» (Mateo 3:15).

- *Tercero*, y muy especial, sin la unción del Espíritu Santo no podemos tener autoridad para pisotear las fuerzas del mal. Necesitamos ser «investidos de poder desde lo alto» (Lucas 24:49).

Observa que el famoso pasaje que habla de la «la armadura de Dios», en Efesios 6, comienza diciendo: «Hermanos míos, fortaleceos en el Señor y en el poder de su fuerza» (v. 10). Este versículo nos enseña que antes de vestirnos con toda la armadura, debemos recibir la *investidura de lo alto*, que es la unción del Espíritu Santo. Cuando el cristiano está investido del poder de Dios, tiene autoridad para atar, reprender y echar fuera al enemigo de su vida, de su matrimonio y de su familia. Entonces, ¿cómo podemos atar, reprender y echar fuera al enemigo de la vida matrimonial? Antes que todo, a través de la oración.

La oración en la guerra espiritual

Existen diferentes clases de oraciones. Por ejemplo, la oración de arrepentimiento, la de confesión de pecados, la de intercesión, la de alabanza y exaltación de Dios y la de petición y agradecimiento. Por otra parte, también existe la oración de autoridad que, por lo general, se le llama «oración de guerra espiritual».

En esta clase de oración no le pedimos a Dios que haga algo, sino que con su autoridad sobre nuestras vidas, invocamos el nombre de Jesús, tomamos autoridad sobre las huestes del mal y las sujetamos bajo nuestros pies. ¡Por eso es que el diablo le teme a este tipo de oración!

La autoridad de esta oración no reside en las palabras que utilicemos, sino en lo que Cristo hizo de una vez y para siempre en la cruz del Calvario.

La pregunta que debemos hacernos ahora es la siguiente: ¿Cómo opera la oración de autoridad? La autoridad de esta oración no reside en las palabras que utilicemos, sino en lo que Cristo hizo de una vez y para siempre en la cruz del Calvario. Allí Él despojó «a los principados y a las potestades, los exhibió públicamente, triunfando sobre ellos en la cruz» (Colosenses 2:15). Por eso es que cuando hacemos la oración de guerra o autoridad en el nombre de Jesús, el enemigo se sujeta y obedece.

A continuación, quiero mencionar algunos de los términos que podemos utilizar en la oración de guerra espiritual y lo que significa cada uno:

1. Atar

La palabra *atar* en griego es *deo* y significa «amarrar apretadamente». Esta palabra aparece en el Evangelio de Mateo:

> Porque ¿cómo puede alguno entrar en la casa del hombre fuerte, y saquear sus bienes, si primero no le ata? Y entonces podrá saquear su casa.
>
> Mateo 12:29

Aquí el «hombre fuerte» es una figura del diablo que, como un ladrón (Juan 10:10), tiene bienes robados en su morada. Entonces, para poder saquearlo y recuperar todo lo que nos robó, primero debemos «atarlo» para neutralizar su poder. Por eso es que antes de reprender al diablo debemos inmovilizarlo y atarlo en el nombre de Jesucristo.

Antes de reprender al diablo debemos inmovilizarlo y atarlo en el nombre de Jesucristo.

2. Desatar

La palabra *desatar* en griego es *luo* y significa «dejar flojo algo que estaba amarrado o desatar a alguien que estaba cautivo, sacar de la prisión, poner en libertad de la esclavitud». Lo que debemos desatar en el nombre de Jesús es lo que el enemigo tiene atado, atrapado, cautivo, en prisión, en esclavitud:

> Al momento fueron abiertos sus oídos, y se desató la ligadura de su lengua, y hablaba bien.
>
> Marcos 7:35

> De cierto os digo que todo lo que atéis en la tierra, será atado en el cielo; y todo lo que desatéis en la tierra, será desatado en el cielo.
>
> Mateo 18:18

> ¿No es más bien el ayuno que yo escogí, desatar las ligaduras de impiedad, soltar las cargas de opresión, y dejar ir libres a los quebrantados, y que rompáis todo yugo?
>
> Isaías 58:6

> Lo que debemos desatar en el nombre de Jesús es lo que el enemigo tiene atado, atrapado, cautivo, en prisión, en esclavitud.

3. Reprender

La palabra *reprender* en griego es *elenco* y significa «poner en evidencia» y «convencer»:

> Mas todas las cosas, cuando son puestas en evidencia por la luz, son hechas manifiestas; porque la luz es lo que manifiesta todo.
>
> Efesios 5:13

> Y cuando él venga, convencerá al mundo de pecado, de justicia y de juicio.
>
> Juan 16:8

En Mateo 17:18 vemos que «reprendió Jesús al demonio, el cual salió del muchacho, y este quedó sano desde aquella hora». También en Efesios 5:11 encontramos lo siguiente: «No participéis en las obras infructuosas de las tinieblas, sino más bien reprendedlas».

Al reprender al diablo, siempre después de atarlo, le estamos recordando que está vencido y que debe someterse la autoridad de Jesucristo. Así que al reprender al enemigo le estamos recordando que debe resignarse a su condición de perdedor, ¡porque el vencedor es Jesucristo!

En la oración de autoridad debemos atar el enemigo y luego reprenderlo, para que «quede en evidencia» y «se convenza» de que lo derrotaron en la cruz del Calvario.

> En la oración de autoridad debemos atar el enemigo y luego reprenderlo.

1. Sujetar

La palabra *sujetar* en griego es *jupotasso* y es la misma palabra que se usa para «someterse»:

Sométase toda persona a las autoridades superiores; porque no hay autoridad sino de parte de Dios, y las que hay, por Dios han sido establecidas.

Romanos 13:1

Someteos unos a otros en el temor de Dios.

Efesios 5:21

Someteos, pues, a Dios; resistid al diablo, y huirá de vosotros.

Santiago 4:7

Por causa del Señor someteos a toda institución humana, ya sea al rey, como a superior.

1 Pedro 2:13

En Lucas 10:17 leemos que los discípulos le dicen al Señor que «los demonios se nos sujetan en tu nombre», y Hebreos 2:8 dice: «Todo lo sujetaste bajo sus pies».

En la oración de guerra o autoridad debemos sujetar a las fuerzas del mal.

En la oración de guerra o autoridad debemos sujetar a las fuerzas del mal para que se sometan bajo el poder y la autoridad de Jesucristo. Los demonios no se sujetan a nosotros, sino a la autoridad que tenemos en Cristo. La guerra espiritual se hace en el nombre de Jesucristo, no por nuestro nombre ni por nuestra buena reputación. El diablo no respeta galardones humanos ni ministeriales. Solo respeta la autoridad de Cristo y se somete derrotado a sus pies.

2. **Hollar**

La palabra *hollar* en griego es *pateo* y significa «pisar o pisotear»:

Y fue pisado el lagar fuera de la ciudad, y del lagar salió sangre hasta los frenos de los caballos, por mil seiscientos estadios.

Apocalipsis 14:20

De su boca sale una espada aguda, para herir con ella a las naciones, y él las regirá con vara de hierro; y él pisa el lagar del vino del furor y de la ira del Dios Todopoderoso.

Apocalipsis 19:15

187

Esta palabra se utilizaba para referirse a pisar las uvas en los lagares, donde se hacía el vino. Por eso es que en Lucas 10:19 leemos que Jesús les dijo a sus discípulos: «He aquí os doy potestad de hollar serpientes y escorpiones [figuras diabólicas], y sobre toda fuerza del enemigo, y nada os dañará».

Debemos tomar la autoridad que Cristo nos ha dado para atar, reprender y echar fuera al diablo.

Por lo tanto, debemos tomar la autoridad que Cristo nos ha dado para atar, reprender y echar fuera al diablo de nuestra vida, de nuestra familia y de todo lo que nos rodea. Esta oración de autoridad y fe te dará la victoria sobre el enemigo. Además, ten en cuenta también que la oración tiene dos dimensiones:

- Oración a Dios.
- Oración en contra del diablo.

Con el solo hecho de buscar a Dios, ya estás haciendo que el enemigo se sienta molesto, pues no quiere que tengamos comunión íntima con el Padre celestial. Entonces, cuando empezamos a hacer guerra espiritual con la oración de autoridad, estás enfrentando al diablo y no le quedará otra salida que retroceder y huir.

El papel del ayuno en la guerra espiritual

La Biblia también enseña que aparte de la oración de autoridad, en algunas ocasiones debemos sumarle el ayuno. De modo que para aprender acerca del ayuno, podemos ir al pasaje de Isaías 58. Al leer este pasaje encontramos tres verdades importantes acerca del ayuno:

- **Primera verdad:** «He aquí que en el día de vuestro ayuno buscáis vuestro propio gusto» (Isaías 58:3)
  Debemos saber que el verdadero ayuno espiritual no es para nuestro propio gusto. Esto significa que no debo hacer ayuno tan solo para satisfacer mis deseos egoístas. Por mucho tiempo ayuné pensando que, de esa manera, iba a «convencer» a Dios de que me diera lo que yo quería. Sin embargo, estaba equivocado. Tampoco se trata de ayunar para perder unos kilos de más y tener una mejor figura, ni siquiera para desintoxicar nuestro cuerpo, aunque sea bueno. Desde luego, eso no sería un ayuno espiritual, sino físico. Si bien el ayuno es bueno para nuestro cuerpo, en lo que se refiere al propósito espiritual es importante examinar la verdadera motivación de nuestro corazón al ayunar.

El verdadero ayuno espiritual no es para discutir en cuanto a la teología ni a la manera de ayunar.

- **Segunda verdad:** «He aquí que para contiendas y debates ayunáis» (Isaías 58:4)
  Por este pasaje aprendemos que el verdadero ayuno espiritual no es para discutir en cuanto a la teología ni a la manera de ayunar. Muchos son expertos en la teoría del ayuno, pero no en la práctica. En el maravilloso sermón del monte, Jesús fue explícito con respecto a la forma externa del ayuno:

Cuando ayunéis, no seáis austeros, como los hipócritas; porque ellos demudan sus rostros para mostrar a los hombres que ayunan; de cierto os digo que ya tienen su recompensa. Pero tú, cuando ayunes, unge tu cabeza y

189

lava tu rostro, para no mostrar a los hombres que ayunas, sino a tu Padre que está en secreto; y tu Padre que ve en lo secreto te recompensará en público.

Mateo 6:16-18

Lo que está condenando aquí Jesús es que se publique el ayuno para hacerle creer a la gente que el que ayuna es muy espiritual, cuando en realidad el ayuno es una forma de humillación voluntaria, como lo expresó el salmista: «Me vestí de cilicio; afligí con ayuno mi alma» (Salmo 35:13).

- **Tercera verdad:** «¿No es más bien el ayuno que yo escogí, desatar las ligaduras de impiedad, soltar las cargas de opresión, y dejar ir libres a los quebrantados, y que rompáis todo yugo?» (Isaías 58:6)

  Es interesante observar que después que el Señor Jesucristo terminó de ayunar, Lucas 4:14 dice que «Jesús volvió en el poder del Espíritu a Galilea, y se difundió su fama por toda la tierra de alrededor». Este es el poder que nosotros necesitamos para batallar y tomar autoridad en el nombre de Jesús a fin de desatar toda ligadura de impiedad, soltar las cargas de los que están oprimidos, dejar en libertad a los que están atados y romper todo yugo de esclavitud que tiene encadenado a los que nos rodean.

Lo más importante del ayuno espiritual no es la cantidad de tiempo que ayunemos, sino ser consciente de lo que es el ayuno y establecer un objetivo específico.

Beneficios del ayuno que aprueba Dios

Lo más importante del ayuno espiritual no es la cantidad de tiempo que ayunemos, sino ser consciente de lo que es el ayuno y establecer un objetivo específico. Así que prepárate y pasa tiempos a solas con Dios en oración y meditación de la Palabra. El centro del ayuno debe ser Dios, no tú. Si practicamos el ayuno que aprueba Dios, recibiremos las retribuciones que se mencionan en Isaías 58:8:

- «Nacerá tu luz como el alba»: Las palabras «nacerá» y «alba» nos dan la idea de un nuevo comienzo, una nueva etapa en la vida. Cuando Cristo remueve toda opresión del diablo, vienen cosas nuevas del Espíritu Santo sobre nuestra vida y todo lo que nos rodea. ¡Aleluya!

- «Tu salvación se dejará ver pronto»: Esto significa que lo que suceda en el ámbito espiritual se cristalizará aquí en la esfera física o terrenal. Lo que estamos esperando se hará realidad. ¡Muy pronto! ¡Aleluya!

- «Irá tu justicia delante de ti»: Esto significa que tendremos la justicia y la santidad de Dios de nuestro lado, a fin de vencer a la injusticia y la inmundicia que el enemigo ha sembrado en nuestro camino. Dios enderezará nuestros senderos. ¡Aleluya!

- «La gloria de Jehová será tu retaguardia»: Esto significa que la grandeza y la gloria del Señor será nuestra defensa. El Diccionario de la Lengua Española define la palabra «retaguardia» como: «Porción de una fuerza desplegada o en columna más alejada del enemigo o, simplemente, la que se mantiene o avanza en último lugar». ¿Qué significa esto? Que Dios pondrá también legiones de ángeles defensores y guerreros que serán nuestros guardaespaldas para protegernos de mal.

El papel de la Iglesia en la guerra espiritual

Es tiempo de que como individuos, como Cuerpo de Cristo, y también como familias, empecemos a utilizar esta clase de oración y ayuno para alejar al destructor. La Biblia enseña que Jesucristo vino «para deshacer las obras del diablo» (1 Juan 3:8), y Dios está esperando que su pueblo se levante y haga lo mismo. Así que no debemos tener temor, sino levantarnos con valentía en el nombre de Cristo.

La historia de la humanidad termina con la victoria total de Cristo.

La historia de la humanidad termina con la victoria total de Cristo. Estamos viviendo los tiempos finales de la historia donde en cualquier momento el Señor vendrá a buscar a su Iglesia. Las señales ya están dadas, y los acontecimientos están sucediendo de manera acelerada. No hay tiempo que perder. Es hora de despertarnos para clamar por una irrupción poderosa del Espíritu Santo sobre nuestra vida, nuestro matrimonio, nuestra iglesia y nuestra nación. En 2 Crónicas encontramos lo que debemos hacer:

> Si se humillare mi pueblo, sobre el cual mi nombre es invocado, y oraren, y buscaren mi rostro, y se convirtieren de sus malos caminos; entonces yo oiré desde los cielos, y perdonaré sus pecados, y sanaré su tierra.
>
> 2 Crónicas 7:14

Sabiendo esto con antelación, ¿acaso podemos tener temor y quedarnos callados al ver que el diablo está destruyendo naciones, comunidades, familias y matrimonios? Por lo tanto, te animo a que mires a tu alrededor o prestes atención a las noticias para ver lo que está haciendo el enemigo en el mundo.

Quizá no puedas hacer algo en todo el mundo, pero puedes hacer algo en «tu mundo» de influencia, en tu país, en tu ciudad, en tu comunidad.

Habla con tu pastor para desarrollar una estrategia espiritual que proteja la vida matrimonial de los hermanos y que ponga un vallado de protección sobre cada matrimonio de la iglesia. De ese modo, los embates del diablo serán infructuosos. Es tiempo de que, como cuerpo de Cristo, empecemos a utilizar la autoridad que nos ha dado Cristo. ¡Solo así veremos atadas y destruidas las fuerzas del mal!

Creo que cada iglesia tiene la gran responsabilidad de hacer retroceder las huestes de maldad de la ciudad en la que se encuentra.

Creo que cada iglesia tiene la gran responsabilidad de hacer retroceder las huestes de maldad de la ciudad en la que se encuentra.

Ayudas prácticas para destruir las obras de maldad en tu ciudad

A continuación, te daré algunas ideas que te ayudarán a «limpiar» la ciudad desde el punto de vista espiritual:

1. Consigue un mapa de la ciudad.
2. Marca donde está ubicada tu iglesia local.
3. Dibuja un círculo a su alrededor y marca el radio de acción de tu iglesia.
4. Ubica hogares cristianos en los puntos más lejanos del círculo, a fin de poder cubrir espiritualmente la ciudad de norte a sur y de este a oeste.
5. Marca en ese mapa los hogares que rodean la iglesia. Empieza a tener un encuentro semanal de intercesión por los matrimonios de cada uno de esos hogares.

6. Durante ese tiempo, la tarea a realizar es atar a las fuerzas de maldad. Por ejemplo, espíritus de rebeldía, de drogadicción, de alcoholismo, de sexo ilícito y de toda otra perversión sexual. Además, espíritus de ceguera a la verdad del evangelio, de religiosidad, de divorcio y de infelicidad matrimonial. También espíritus de adulterio, de fornicación, de prostitución, etc. Sin duda, el Espíritu Santo te mostrará otros más para agregar a la lista.

7. Persevera en la tarea de intercesión hasta que el Espíritu Santo confirme que el enemigo se ha atado. Esto no será algo inmediato.

8. Realiza una actividad de propagación del evangelio por toda la ciudad y alguna actividad para alcanzar los matrimonios.

9. ¡Prepárate para ver a muchos venir a las filas del Señor!

Es tiempo de movilizarte y no quedarte quieto. La pasividad en la vida cristiana no conduce a nada productivo.

Es tiempo de movilizarte y no quedarte quieto. La pasividad en la vida cristiana no conduce a nada productivo. Es tiempo de actuar antes de que sea demasiado tarde. No le des ventaja al enemigo. Toma la delantera. ¡La Iglesia de Cristo está puesta para que sea cabeza y no cola! Si quieres levantarse como un guerrero de Dios, haz esta oración:

Señor:
Úsame para ser un canal de bendición en mi familia, mi comunidad y mi ciudad. Concédeme la valentía y la fuerza de tu Espíritu para no ser pasivo, sino levantarme en tu poderoso nombre y

hacer retroceder a las fuerzas del mal de mi vida, de mi familia, de mi iglesia y de mi ciudad. Aquí estoy, Señor, ¡hazme un instrumento útil para tu santa causa! ¡Ayúdame a ser un testimonio vivo de tu poder al mundo hoy!
En el nombre de Jesús, amén.

Para el debate grupal

1. ¿Cómo se le llama también a la oración de guerra espiritual contra las fuerzas de maldad?
2. Mencionen cuáles son los tres requisitos detallados en Hechos 2:38 que califican al cristiano para hacer la guerra espiritual.
3. Mencionen cuáles son los términos que podemos utilizar en la oración de guerra espiritual.
4. ¿Suelen practicar la oración junto con el ayuno espiritual? ¿Lo practican con regularidad? Comenten en el grupo la experiencia de cada uno.
5. Mencionen cuáles son los beneficios de practicar el ayuno aprobado por Dios.

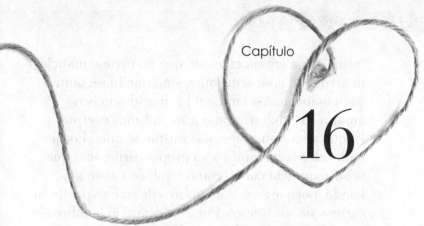

El matrimonio bendecido por Dios: Un impacto al mundo

En la carta del apóstol Pablo a los efesios, encontramos una evidente comparación entre la relación del esposo con la esposa, y la de Jesucristo con su Cuerpo, que es la Iglesia:

> Las casadas estén sujetas a sus propios maridos,
> como al Señor; porque el marido es cabeza de
> la mujer, así como Cristo es cabeza de la iglesia,
> la cual es su cuerpo, y él es su Salvador. Así que,
> como la iglesia está sujeta a Cristo, así también las
> casadas lo estén a sus maridos en todo. Maridos,
> amad a vuestras mujeres, así como Cristo amó a
> la iglesia, y se entregó a sí mismo por ella, para
> santificarla, habiéndola purificado en el lavamiento
> del agua por la palabra, a fin de presentársela a sí

mismo, una iglesia gloriosa, que no tuviese mancha
ni arruga ni cosa semejante, sino que fuese santa
y sin mancha. Así también los maridos deben
amar a sus mujeres como a sus mismos cuerpos.
El que ama a su mujer, a sí mismo se ama. Porque
nadie aborreció jamás a su propia carne, sino que
la sustenta y la cuida, como también Cristo a la
iglesia, porque somos miembros de su cuerpo, de su
carne y de sus huesos. Por esto dejará el hombre a
su padre y a su madre, y se unirá a su mujer, y los
dos serán una sola carne. Grande es este misterio;
mas yo digo esto respecto de Cristo y de la iglesia.
Por lo demás, cada uno de vosotros ame también a
su mujer como a sí mismo; y la mujer respete a su
marido.

Efesios 5:22-33

La Iglesia de Jesucristo es la expresión visible de quién es
Jesucristo y lo que hace. De la misma manera, el matrimonio es
la expresión visible de la relación entre el Señor Jesucristo y su
Iglesia. Por eso no deben extrañarnos los ataques de todo tipo
que han recibido y siguen recibiendo los matrimonios. Los altos
índices de divorcios y separaciones hablan por sí solos.

La Iglesia de Jesucristo es la expresión
visible de quién es Jesucristo y lo que hace.

Los deberes conyugales

El propósito de Dios es que los matrimonios cristianos sean un
testimonio vivo para el mundo. Cuando somos felices en nuestra vida matrimonial, no solo glorificamos al Señor, sino que
estamos dando testimonio de la unión y la relación que existen
entre el Señor Jesucristo y la Iglesia. Repasemos el pasaje de
Efesios para ver qué nos dice el Espíritu de Dios:

- Versículo 22: «Las casadas estén sujetas a sus propios maridos, como al Señor». La mujer casada debe dar testimonio de su sujeción a Cristo a través de la sujeción a su marido.

- Versículo 23: «Porque el marido es cabeza de la mujer, así como Cristo es cabeza de la iglesia, la cual es su cuerpo, y él es su Salvador». El marido debe ser cabeza de la mujer y cumplir su papel de autoridad espiritual para darle testimonio al mundo de la autoridad de Cristo sobre la Iglesia.

- Versículo 24: «Así que, como la iglesia está sujeta a Cristo, así también las casadas lo estén a sus maridos en todo». La mujer debe sujetarse a su marido para darle testimonio al mundo de que la Iglesia está sujeta a Jesucristo.

- Versículo 25: «Maridos, amad a vuestras mujeres, así como Cristo amó a la iglesia, y se entregó a sí mismo por ella». Es responsabilidad del marido amar a su esposa con el mismo amor de Cristo por su Iglesia.

- Versículo 26: «Para santificarla». El marido debe darse por entero a su esposa con el propósito de santificarla.

- Versículo 27: «A fin de presentársela a sí mismo, una iglesia gloriosa, que no tuviese mancha ni arruga ni cosa semejante, sino que fuese santa y sin mancha». Además, el marido debe presentarse a su esposa a sí mismo, del mismo modo que Cristo se presentó a la Iglesia.

- Versículos 28-29: «Así también los maridos deben amar a sus mujeres como a sus mismos cuerpos. El que ama a su mujer, a sí mismo se ama. Porque nadie aborreció jamás a su propia carne, sino que la sustenta y la cuida, como también Cristo a la iglesia». El marido debe amar a su esposa como a su mismo cuerpo, para sustentarla y cuidarla y sin aborrecerla.

- Versículos 30-31: «Porque somos miembros de su cuerpo, de su carne y de sus huesos. Por esto dejará el hombre a su padre y a su madre, y se unirá a su mujer, y los dos serán una sola carne». ¿Por qué se espera que el matrimonio practique estas cosas? Porque somos miembros de su cuerpo, de su carne y de sus huesos. Es decir, somos una sola carne.

Entonces, ¿somos conscientes en verdad de la necesidad de que los matrimonios cristianos vivan los principios del Reino de Dios?

Entonces, ¿somos conscientes en verdad de la necesidad de que los matrimonios cristianos vivan los principios del Reino de Dios? ¿Somos conscientes de que cuando nuestro matrimonio no vive los principios del Reino estamos ridiculizando y hasta rebajando la relación que existe entre Cristo y su Iglesia, de la cual tú y yo formamos parte? ¿Somos conscientes de que si somos felices en nuestra vida matrimonial les damos testimonio a los incrédulos del gran amor de Cristo por su Iglesia? ¿Estamos dispuestos a tener un matrimonio que se asemeje a la relación que Cristo, la cabeza, tiene con su esposa sujeta, la Iglesia?

¿Estamos decididos a hacer lo que sea necesario y a renunciar a lo que el Señor nos pida en nuestro matrimonio con tal de avergonzar y derrotar a Satanás y a sus demonios, que son los principales causantes de los divorcios y la infelicidad matrimonial, y dar lugar a la victoria de Cristo?

«Mejores son dos que uno»

La Biblia nos habla en el libro de Eclesiastés la importancia que tiene ser dos en lugar de uno. Además, nos habla del cordón tan fuerte que constituyen dos personas unidas:

> Mejores son dos que uno; porque [...] si cayeren,
> el uno levantará a su compañero [...] Y si alguno
> prevaleciere contra uno, dos le resistirán; y cordón
> de tres dobleces no se rompe pronto.
>
> Eclesiastés 4:9-12

Este cordón del que se habla en este pasaje de las Escrituras es tan fuerte, que ninguna lucha, dificultad, problema, ni ataque satánico podrá prevalecer en su contra. Ahora, sustituye la palabra «cordón» por «matrimonio» y descubrirás una verdad bíblica poderosa: «Matrimonio de tres dobleces [o sea, Jesucristo, el esposo y la esposa] no se rompe».

En el matrimonio bendecido por Dios, Jesucristo es el Señor del hogar, el esposo es la cabeza de su esposa, y la esposa se sujeta a su marido.

En el matrimonio bendecido por Dios, *Jesucristo* es el Señor del hogar, el esposo es la cabeza de su esposa, y la esposa se sujeta a su marido. ¡Si Jesucristo es el Señor de tu hogar, tu matrimonio será irrompible e indisoluble!

Hay un nuevo horizonte para tu vida matrimonial. Hay un mundo lleno de conquistas y victorias disponible para los matrimonios que se atreven a vivir como Dios manda y a luchar por su bendición. Jesucristo, el Rey de reyes y Señor de señores, quiere sostener, fortalecer y renovar tu matrimonio cada día. Quizá te preguntes: ¿Cómo vivir los principios del Reino en mi matrimonio en medio de las presiones de este mundo? ¿Cómo dar testimonio a un mundo tan hundido en el pecado? ¿Qué debo hacer para ir en contra de la corriente de este mundo? Creo que la clave está en las últimas palabras que Jesucristo les dijo a sus discípulos antes de ascender a la diestra del Padre:

Y Jesús se acercó y les habló diciendo: Toda potestad me es dada en el cielo y en la tierra. Por tanto, id, y haced discípulos a todas las naciones, bautizándolos en el nombre del Padre, y del Hijo, y del Espíritu Santo; enseñándoles que guarden todas las cosas que os he mandado; y he aquí yo estoy con vosotros todos los días, hasta el fin del mundo. Amén.

Mateo 28:18-20

Para el debate grupal

1. Lean en voz alta el pasaje de Efesios 5:22-33. Luego, por un lado, los hombres debatan cuáles son sus responsabilidades matrimoniales y que, por otro lado, las mujeres debatan acerca de lo que Dios espera de ellas.
2. Que el líder del grupo termine con una oración para que cada cónyuge, hombre o mujer, pueda cumplir los principios del pasaje leído.

Cuestionario para la reflexión personal o grupal

Lean con detenimiento cada frase y seleccionen la mejor respuesta.

1. El ritmo de vida acelerado que vivimos:
   A) _____ Acelera la bendición familiar
   B) _____ Atenta contra la felicidad familiar
   C) _____ Contribuye a la armonía familiar

2. La presencia del Espíritu Santo puede:
   A) _____ Hacerme un fanático religioso
   B) _____ Originar peleas en mi hogar
   C) _____ Bendecir la «atmósfera» de mi hogar

3. La Palabra griega *parakletos* significa:
   A) _____ El que bendice
   B) _____ El ayudador
   C) _____ El transformador

4. El Espíritu Santo es:
   A) _____ Una fuerza poderosa
   B) _____ Una persona, Dios mismo
   C) _____ Un fluido especial

5. Gracias a la obra poderosa del Espíritu Santo podemos tener un matrimonio:
   A) _____ Bendecido con salud
   B) _____ Rencoroso y bendecido
   C) _____ Con la bendición total de Dios

6. La presencia del Espíritu Santo trae a la familia
   A) _____ Paz, armonía y felicidad
   B) _____ Discordia, desunión y felicidad
   C) _____ Felicidad, discusiones y paz

7. En la Biblia, el aceite en un símbolo de:
   A) _____ La gracia de Dios
   B) _____ La abundancia de Dios
   C) _____ La presencia del Espíritu Santo

8. La palabra «yugo» en la Biblia da la idea de:
   A) _____ Trabajo pesado
   B) _____ Carga pesada espiritual
   C) _____ Carga liviana

9. ¿Qué le suceden a los «yugos» espirituales cuando la unción del Espíritu Santo interviene con su poder?
   A) _____ Se pudren o rompen
   B) _____ Se agigantan
   C) _____ Se extienden a otros

10. Para detectar los yugos familiares es necesario:
    A) _____ Pedir ayuda a un psicólogo
    B) _____ Realizar un curso de «yugo terapia»
    C) _____ Pedir la guía del Espíritu Santo y analizar la vida de mis antepasados.

11. Los yugos espirituales solo se cortan en el nombre de:
    A) _____ Jerusalén

B) _____ Melquisedec

C) _____ Jesucristo

12. La Biblia declara en 2 Corintios 3:17 que donde está el Espíritu de Dios allí hay:

A) _____ Libertinaje

B) _____ Libertad

C) _____ Pubertad

13. El matrimonio cristiano es una unidad formada por:

A) _____ Marido-esposa-hijos-Dios, en ese orden

B) _____ Dios-esposa-marido-hijos, en ese orden

C) _____ Dios-marido-esposa-hijos, en ese orden

14. La palabra «exclusividad» significa:

A) _____ Privilegio que solo involucra al esposo y la esposa

B) _____ Privilegio que tienen los cónyuges para divorciarse cuando lo deseen

C) _____ Privilegio que involucra al marido, su esposa y la suegra

15. ¿Cuáles son las tres esferas de exclusividad?

A) _____ Intelectual, física y comercial

B) _____ Material, física y espiritual

C) _____ Física, intelectual y espiritual

16. Cada matrimonio debe trabajar en el aspecto de la exclusividad:

A) _____ Para ser un cónyuge egoísta y controlador

B) _____ Para tener un matrimonio bendecido por Dios

C) _____ Para ser un matrimonio aislado y ermitaño

17. La fidelidad en el matrimonio debe ser:

A) _____ Solo de la mujer

B) _____ De ninguno de los dos

C) _____ Mutua (de ambos cónyuges)

18. Un verdadero amante es:

A) _____ Quien tiene alguna «aventura» fuera del matrimonio

B) _____ El cónyuge que es fiel a una sola persona, disfruta a su lado, le cuida y le protege por algún tiempo

C) _____ Quien es fiel a una sola persona, disfruta a su lado, le cuida y le protege durante toda la vida

19. Debemos ser fieles a nuestro cónyuge:
   A) _____ Con nuestra mente y acciones
   B) _____ De manera física, pero podemos alojar pensamientos de infidelidad
   C) _____ De forma mental, pero podemos practicar la promiscuidad sexual

20. El antídoto para vencer la infidelidad es:
   A) _____ No casarse
   B) _____ Reconocer que la infidelidad es una obra carnal y dejarnos guiar por el Espíritu Santo para vivir en fidelidad
   C) _____ Creer que la infidelidad es una obra carnal, pero no hacer nada para vencerla

21. El arte de la comunicación contiene los siguientes elementos:
   A) _____ Comprensión y nada más
   B) _____ Escuchar, hablar
   C) _____ Hablar, escuchar y comprender

22. Lo más difícil en la comunicación matrimonial es:
   A) _____ Hablar
   B) _____ Escuchar
   C) _____ Comprender

23. ¿Cuál es el primer punto que debo reconocer para vencer la incomunicación matrimonial?
   A) _____ Que a mi esposa le falta diálogo
   B) _____ Reconocer que a mí me falta diálogo
   C) _____ Pensar que nos encontramos bien de la manera en que estamos

24. Para vencer el «silencio» en la comunicación matrimonial:
   A) _____ Tengo que esperar que mi cónyuge me hable primero
   B) _____ Yo debo tomar la iniciativa y empezar a hablar
   C) _____ Debo empezar a gritar para llamar la atención

25. Hablar de forma negativa y en público del propio cónyuge:
   A) _____ Degrada, avergüenza al otro y destruye la unidad matrimonial

B) _____ Se lo merece por su mala conducta

C) _____ No destruye la unidad matrimonial, si solo lo hacemos de vez en cuando

26. Menospreciar de manera física al cónyuge en privado y en público:
    A) _____ Afecta la relación íntima matrimonial y la autoestima del cónyuge
    B) _____ Es «normal» en los matrimonios que tienen muchos años de casados
    C) _____ No afecta en nada, porque uno lo hace «en broma»

27. ¿Se deben respetar los gustos del cónyuge?
    A) _____ No, solo tiene que gustarle lo que me gusta a mí
    B) _____ Sí, porque eso ayuda a la unidad mutua
    C) _____ Se puede hacer, pero solo de vez en cuando

28. La mujer, según la Biblia, es un vaso:
    A) _____ Duro
    B) _____ Frágil
    C) _____ Áspero

29. Cuando la esposa humilla a su marido ante los demás:
    A) _____ Él se siente feliz por las palabras de su esposa
    B) _____ Se siente realizado en la vida
    C) _____ Se siente un ser acomplejado y deprimido

30. La mejor manera de valorar al cónyuge es:
    A) _____ Llevarle flores a la tumba cuando muera
    B) _____ Hacerlo cada día de su vida con palabras y acciones
    C) _____ Celebrarle el cumpleaños

31. Debemos valorar a nuestro cónyuge:
    A) _____ A pesar de sus errores
    B) _____ Sin perdonar sus errores
    C) _____ Cuando se porta bien

32. Necesitamos comprender a nuestro cónyuge:
    A) _____ En todo momento
    B) _____ Cuando hace algo en lo que estoy de acuerdo
    C) _____ De vez en cuando

33. Cuando una mujer trabaja fuera de la casa todo el día, ¿cuál debe ser la actitud del esposo para con ella al llegar al hogar?
    A) _____ Comprender la situación sin enojarse y ayudar a su esposa en todo lo que pueda
    B) _____ Empezar a gritar para que la mujer ordene toda la casa
    C) _____ No ayudar en nada y dejar que la mujer lo haga todo

34. En el matrimonio bendecido por Dios:
    A) _____ Debe existir competencia
    B) _____ Nunca debe haber competencia
    C) _____ Un poco de competencia es razonable

35. Un marido inteligente es aquel que:
    A) _____ Nunca reconoce las buenas ideas de su esposa
    B) _____ Sabe reconocer cuando las ideas de su esposa son mejores que las suyas.
    C) _____ Siempre impone sus ideas

36. Los desacuerdos matrimoniales muchas veces se originan:
    A) _____ Debido a la diferencia de carácter
    B) _____ Porque no se aman lo suficiente
    C) _____ Por culpa del esposo

37. Efesios 4:26 dice que podemos airarnos:
    A) _____ De vez en cuando
    B) _____ Sin pecar
    C) _____ Todo el tiempo

38. El enojo prolongado en el corazón:
    A) _____ Crea raíces de amargura y falta de perdón
    B) _____ Es un mal necesario
    C) _____ Me hace un cristiano fiel

39. Un cristiano lleno del Espíritu Santo:
    A) _____ Aprende a perdonar
    B) _____ Recibe perdón, pero no perdona a los demás
    C) _____ No se siente perdonado ni perdona a nadie

40. Cuando un cristiano le pide perdón a otro:
    A) _____ Debe pedirle perdón de manera específica

B) _____ Debe decirle: «Si en algo te fallé, perdóname»

C) _____ Solo debe decirle: «Perdóname»

41. Perdonar es:
   A) _____ Un sentimiento interior del Espíritu Santo
   B) _____ Una decisión de fe, en obediencia a la Palabra de Dios
   C) _____ Divino, y el hombre no puede hacerlo

42. Lo contrario al amor es:
   A) _____ El odio
   B) _____ El egoísmo
   C) _____ La guerra

43. Cuando una persona ama:
   A) _____ Se brinda sin esperar recibir nada a cambio
   B) _____ Busca una recompensa
   C) _____ Tiene otras intenciones ocultas

44. Hechos 20:35 dice:
   A) _____ Mas bienaventurado es dar que recibir
   B) _____ Mas bienaventurado es el que recibe
   C) _____ Mas bienaventurado es dar y recibir

45. El amor en el matrimonio:
   A) _____ Necesita expresarse con expresiones físicas y verbales
   B) _____ No necesita ninguna expresión, pues está en el corazón
   C) _____ Se demuestra solo en la vida íntima sexual

46. Uno de los errores más comunes de los cónyuges es:
   A) _____ Abandonarse de forma estética
   B) _____ Exagerar en el cuidado físico
   C) _____ Cuidar la apariencia externa

47. Ser un creyente maduro espiritual no significa:
   A) _____ Abandonarse estéticamente, sino todo lo contrario
   B) _____ Cuidar lo exterior y descuidar la vida espiritual
   C) _____ Cuidar solo la vida espiritual y descuidar lo demás

48. Entre lo que somos por dentro y lo que parecemos por fuera como personas:

A) _____ Debe haber una unidad

B) _____ Debe haber desigualdad

C) _____ Solo importa lo interior

49. ¿Quién es la autoridad máxima en el matrimonio bendecido por Dios?

A) _____ El marido

B) _____ La esposa

C) _____ Jesucristo

50. Cuando el hombre y la mujer cumplen sus respectivos papeles:

A) _____ El matrimonio es bendecido por Dios

B) _____ El matrimonio es aburrido

C) _____ Hay desorden en el matrimonio

51. El marido cristiano que quiere exigir sujeción a su mujer:

A) _____ Primero debe dar el ejemplo y sujetarse al Señor

B) _____ Debe gritarle a su esposa todo el tiempo

C) _____ Debe recordarle a su esposa los pasajes bíblicos acerca de la sujeción

52. Sin sumisión:

A) _____ No hay verdadera autoridad espiritual

B) _____ Hay armonía en el hogar

C) _____ Hay verdadera autoridad bíblica

53. Cuando la mujer se sujeta a su marido, ya sea creyente o no:

A) _____ Demuestra con sus hechos que se sujeta también al Señor

B) _____ Demuestra que ella es buena

C) _____ Demuestra algo que no cree en su interior

54. Toda esposa:

A) _____ Debe colaborar para que su marido sea la cabeza espiritual del hogar

B) _____ Debe robarle a su marido la autoridad en el hogar

C) _____ Debe ayudar a que su marido la respete

55. Cuando una mujer no se sujeta a su marido de manera consciente:

A) _____ Queda presa en la trampa de la rebeldía y le da lugar a

Satanás para que origine problemas y dificultades en el matrimonio

B) _____ Deja las puertas abiertas para que entre la presencia del Señor

C) _____ Lo hace para imponer sus derechos y vivir independiente

56. ¿Cuál fue el motivo de la caída de Adán y Eva?
A) _____ La obediencia a Dios
B) _____ La buena intención
C) _____ La desobediencia a Dios

57. El esposo que abusa de su autoridad:
A) _____ Desagrada a Dios
B) _____ Obedece a Dios
C) _____ Lo hace porque no le queda otro remedio

58. La vida sexual:
A) _____ Es una parte importante en el matrimonio bendecido por Dios
B) _____ Es lo más importante en el matrimonio bendecido por Dios
C) _____ Es lo menos importante en el matrimonio bendecido por Dios

59. La Biblia condena:
A) _____ Todo acto sexual fuera del matrimonio
B) _____ La fidelidad sexual
C) _____ Todo acto sexual

60. En el matrimonio normal y bendecido por Dios:
A) _____ Las relaciones sexuales son de unión y gran bendición
B) _____ La vida sexual es motivo de discusión
C) _____ Las relaciones sexuales son solo para procreación

61. En el matrimonio, negarse sexualmente todo el tiempo es:
A) _____ Un derecho que tiene el cónyuge
B) _____ Un pecado
C) _____ Lo normal

62. En el relato de Génesis 2:22-25 la palabra «unir»:

A) _____ Significa, además de otras cosas, la unión sexual matrimonial

B) _____ No tiene nada que ver con lo sexual

C) _____ Solo incluye la vida sexual

63. La Biblia enseña que la relación sexual:
    A) _____ No se creó por consecuencia del pecado
    B) _____ Es pervertida
    C) _____ Se creó como consecuencia del pecado

64. La Palabra de Dios permite abstenerse de tener relaciones sexuales en el matrimonio únicamente:
    A) _____ Por mutuo acuerdo entre los cónyuges, por algún tiempo determinado con antelación y para ocuparse de algún asunto espiritual, como lo es la oración
    B) _____ Por decisión de un solo cónyuge, por algún tiempo determinado con antelación y para ocuparse de algún asunto espiritual, como es la oración
    C) _____ Por mutuo acuerdo y por un tiempo indefinido para tomarse unas vacaciones

65. En 1 Corintios 13:5 se nos dice que:
    A) _____ El amor no busca lo suyo propio
    B) _____ El amor busca tomar ventaja
    C) _____ El amor busca lo suyo propio

66. Toda esposa normal necesita:
    A) _____ Demostraciones de amor de su marido, dentro y fuera del dormitorio
    B) _____ Un esposo fogoso sexualmente
    C) _____ Apatía de parte de su esposo

67. La mujer objeto:
    A) _____ Es aquella que se siente utilizada por su esposo de manera egoísta
    B) _____ Es feliz por el trato que le da su esposo
    C) _____ Es aquella que ama a su esposo

68. Cuando un matrimonio vive los principios de la Palabra de Dios:
    A) _____ Allí hay gozo y bendición

B) _____ Allí hay perturbación y peleas

C) _____ No sucede nada interesante

69. Un tiempo espiritual matrimonial es:

A) _____ Pasar tiempo orando, adorando a Dios y hablando de sus maravillas

B) _____ Algo que el esposo hace a solas

C) _____ Algo que no le aporta nada positivo a la familia

70. Si el varón es un cristiano nacido de nuevo:

A) _____ Tiene la responsabilidad de cultivar la relación con Dios

B) _____ No tiene ninguna obligación de fomentar la relación con Dios

C) _____ Tiene que olvidarse de fomentar la relación con Dios

71. Es de gran importancia asistir a una iglesia cristiana bíblica local:

A) _____ Para ser edificados espiritualmente y recibir cobertura espiritual

B) _____ Para hacer negocios y conocer gente buena

C) _____ Como lo es ser socio de un club deportivo

72. Los principios judeocristianos son importantes:

A) _____ Porque fueron instituidos por Dios en su Palabra

B) _____ Porque el pueblo de Israel es el pueblo escogido por Dios

C) _____ Por sus tradiciones religiosas

73. Dios creó al ser humano:

A) _____ A imagen de un ser prehistórico

B) _____ A imagen del mono

C) _____ A su imagen y semejanza

74. Los «matrimonios» entre personas del mismo sexo:

A) _____ Son bien vistos por Dios

B) _____ Son aprobados por la Iglesia

C) _____ Son contrarios al plan creacional de Dios

75. Cuando Dios creó al ser humano, el pasaje bíblico de Génesis 1:27 dice que:

A) _____ Varón y varón los creó

B) _____ Varón y hembra los creó

C) _____ Hembra y hembra los creó

76. El principio divino de la autoridad espiritual en la familia es:

A) _____ Dios – esposa – esposo – hijos

B) _____ Dios – esposo – esposa – hijos

C) _____ Dios – esposa – hijos – esposo

77. Dios puso en la familia al varón como:

A) _____ Dependiente de la mujer

B) _____ Cabeza mandado por su mujer

C) _____ Cabeza y autoridad espiritual

78. El espíritu de rebeldía es originado por:

A) _____ El ser humano

B) _____ Dios mismo

C) _____ El mismo diablo

79. Filipenses 4:19 dice:

A) _____ Que Dios nos dejará abandonados en tiempos de escasez

B) _____ Que Dios suplirá todo lo que nos falta según sus riquezas en gloria

C) _____ Que Dios nos dará un préstamo en tiempos de escasez

80. Durante los tiempos de escasez económica:

A) _____ Empieza a enojarte y a quejarte

B) _____ Cree y confiesa con fe las promesas que están en la Biblia sobre la bendición económica

C) _____ Deja de congregarte por tu mala situación económica

81. En los tiempos de escasez, compararse con los que nos superan de manera económica:

A) _____ Es destructivo en gran medida

B) _____ Nos ayuda a salir de la escasez

C) _____ Nos arruina financieramente

82. Durante los tiempos de escasez:

A) _____ Continúa gastando sin medida lo que gana

B) _____ Realiza un ajuste de tu presupuesto y evita más deudas

C) _____ Pide un crédito que sabes que no podrás devolver

83. Durante los tiempos de escasez:
    A) _____ Hay que dejar de diezmar
    B) _____ Hay que ofrendar y no diezmar
    C) _____ Hay que continuar diezmando y ofrendando

84. En Filipenses 4:6 se nos aconseja que ante los problemas:
    A) _____ Oremos al Señor y que no nos preocupemos
    B) _____ Oremos y, luego, nos preocupemos
    C) _____ Dejemos de orar y nos preocupemos

85. ¿Qué se debe hacer para evitar el aburrimiento de la rutina diaria?
    A) _____ Seguir haciendo lo mismo
    B) _____ Variar
    C) _____ Eliminar la rutina

86. Las obligaciones cotidianas, que llamamos rutina:
    A) _____ Podemos eliminarlas de nuestra agenda
    B) _____ Podemos dejar de cumplirlas
    C) _____ Deben cumplirse, tengamos o no tengamos deseos

87. Al atravesar tiempos de rutina debemos cuidarnos de:
    A) _____ Los cambios
    B) _____ La insatisfacción
    C) _____ El tiempo

88. En medio de la rutina de la vida matrimonial:
    A) _____ Debo hacer planes para el divorcio
    B) _____ Debo darle gracias a Dios por mi cónyuge y por tenerlo a mi lado
    C) _____ Debo buscar una nueva «relación» amorosa para evitar el aburrimiento

89. Debemos ver la rutina de la vida:
    A) _____ Como algo fastidioso e imposible de vivir
    B) _____ Como algo positivo que ayuda a formar nuestro carácter y a hacernos personas más disciplinadas
    C) _____ Como algo que me hace mal espiritualmente

90. Aunque el diablo intente destruir la vida matrimonial:
   A) _____ No puede hacerlo porque todos los domingos asisto a la iglesia
   B) _____ No puede hacerlo porque mayor es el poder de Dios para protegerla
   C) _____ No puede hacerlo hoy, pero sí lo hará mañana

Respuestas correctas:

1. B	16. B	31. A
2. C	17. C	32. A
3. B	18. C	33. A
4. B	19. A	34. B
5. C	20. B	35. B
6. A	21. C	36. A
7. C	22. C	37. B
8. B	23. B	38. A
9. A	24. B	39. A
10. C	25. A	40. A
11. C	26. A	41. B
12. B	27. B	42. B
13. C	28. B	43. A
14. A	29. C	44. A
15. B	30. B	45. A

46. A	61. B	76. B
47. A	62. A	77. C
48. A	63. A	78. C
49. C	64. A	79. B
50. A	65. A	80. B
51. A	66. A	81. A
52. A	67. A	82. B
53. A	68. A	83. C
54. A	69. A	84. A
55. A	70. A	85. B
56. C	71. A	86. C
57. A	72. A	87. B
58. A	73. C	88. B
59. A	74. C	89. B
60. A	75. B	90. B

Acerca del Autor

Ricardo «Ritchie» Pugliese, nacido en Buenos Aires, Argentina, es ministro ordenado. Desde 1977, ha servido al Señor como pastor y maestro. También ha fundado y enseñado en institutos y seminarios bíblicos. En el ámbito secular, fue profesor de español en una escuela secundaria de Tejas, Estados Unidos. Como escritor, tiene seis libros publicados, entre ellos, *La cuarta ola del Espíritu Santo* (2006), que se publicó en inglés con el título *The Fourth Wave of the Holy Spirit* (2010) y *La unción de riqueza* (2010). Desde 1983, sus artículos de edificación espiritual se publican en revistas internacionales.

Su ministerio se caracteriza por equipar a la Iglesia con la autoridad de la Palabra de Dios y la unción del Espíritu Santo, a fin de conquistar las naciones para Cristo. A lo largo de sus años de ministerio, ha discipulado a muchas personas que hoy en día son pastores y líderes fieles en la obra del Señor.

Sus devocionales bíblicos, «Aliento del cielo para cada día», alimentan con la Palabra de Dios todos los días a miles de personas alrededor del mundo a través de las páginas Web miiglesia.com y restorationnations.com. Por lo cual es conocido como el «Pastor de la Internet».

Desde 1997 y hasta 2011, residió con su familia en lo s Estados Unidos. Está casado con Rosa Nesticó desde 1985 y tienen dos hijos: María Belén y Denis Emanuel. En la actualidad, residen en Buenos Aires, Argentina.

Para comunicarse con el Autor, visita:
www.restorationnations.com